U0067550

普天之下・盡是好書
普天出版家族
Popular Press Family
凌雲文創
A-Plus Creative Company

用幽默代替沉默

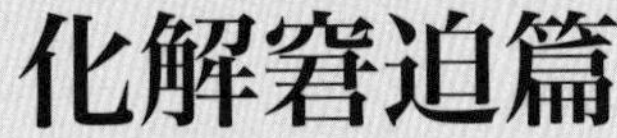

USE HUMOR TO DEFUSE EMBARRASSING

塞德娜 編著

法蘭西斯．培根曾說：

當我們面對不知如何因應的尷尬場面，
與其沉默面對，
還不如用幽默巧妙化解。

的確，用幽默積極因應不知如何應對的尷尬場面，永遠比用沉默消極面對的效果要好上許多，因為，面對自己不想面對的問題，保持沉默，問題並不會消失不見，但是，如果懂得用幽默化解，問題就會立刻迎刃而解。

•出版序•

用幽默代替沉默的應對智慧

懂得幽默的人，知道如何用幽默的話語代替自己不想回答卻又不得不回答的問題；懂得幽默的人，知道如何透過幽默化解讓自己尷尬與窘迫的處境。

法蘭西斯·培根曾說：「當我們面對不知如何因應的尷尬場面，與其沉默面對，還不如用幽默巧妙化解。」

的確，用幽默積極因應不知如何應對的尷尬場面，永遠比用沉默消極面對的效果要好上許多，因爲，面對自己不想面對的問

題，保持沉默，問題並不會消失不見，但是，如果懂得用幽默化解，問題就會立刻迎刃而解。

遇到不如己意的事情，要當場發脾氣很容易，困難的是克制自己的怒氣，用微笑代替發飆，用幽默解決問題。

機智幽默是人際互動的最佳應變智慧。動不動就發飆，跟別人爆發衝突，不但無法解決問題，更會突顯自己的粗俗幼稚；眞正有智慧的人，即使被激怒，也會選擇用幽默的方式化解可能上演的衝突。

西班牙哲學作家巴爾塔沙．葛拉西安認爲要「允許別人開自己玩笑，但是不要開別人的玩笑」，因爲前者是一種雅量，後者卻有可能令人陷入困境。萬

一你不清楚對方容忍玩笑的底限，就可能爲自己帶來麻煩。

在社交場合裡開開小玩笑，自然是無傷大雅，要弄幽默的語言得當，也可以爲自己開拓人際關係。但不要忘記了，玩笑的尺度得要小心拿捏，否則玩笑開過了火，反射回來的箭自己說不定也無法承受。

美國劇作家馬克．康納利最受人矚目的特徵就是他光亮的頭頂一根毛髮也沒有。他的禿頂有人恭維是智慧的象徵，但總是有不少人會拿來取笑。

比方說，有一天下午他在阿爾貢金飯店喝茶，突然有一位中年人伸手在他的頭上摸了好幾下，還失禮地想佔他便宜說：「我覺得你的頭頂，摸起來就像我老婆的屁股一樣光滑。」

從來不吃啞巴虧的康納利聽了他的話，立刻也伸手往自己的頭上摸了摸，然後點點頭說：「嗯，你說得沒錯，摸起來確實像你老婆的屁股一樣。」

那個中年人的行爲眞是極端無禮，言語更是分外粗俗，幸好康納利的性格夠沉穩才能從容應對。康納利更巧妙地運用幽默機智，順著對方話語，反將對方一軍，那個人想佔便宜，卻反而被人佔了便宜。

開玩笑要小心，因爲玩笑開了過頭，非但無益於人際關係的增進，反而會引起許多無謂的紛爭，徒增困擾。

有時候不是我們故意要與人起爭端，但有誰會心甘情願受人侮辱？謙讓忍耐到了一定程度，就得改弦易轍，否則豈不是被人當成了軟腳蝦！

該反擊的時候就要反擊，切莫遲疑，更要掌握時機、形勢，讓所有局面的優勢移轉到我們身上。

無傷大雅的玩笑，爲了維護氣氛融洽當然可以不計較；保持風度，維持謙恭，也是表現出我們的格調；但是對方眞的過分，就要以其人之道還治其身，別悶不吭聲地吃啞巴虧，畢竟再怎麼尊重對方，也不能放棄自我的尊嚴。

作家雷蒙曾經寫道：「一個懂得幽默的人，在他的字典裡，永遠找不到『沉默』兩個字。」

的確，懂得幽默的人，知道如何用幽默的話語代替自己不想回答卻又不得不回答的問題；懂得幽默的人，知道如何透過幽默化解讓自己尷尬的處境；懂得幽默的人，知道如何運用幽默的智慧面對讓人窘迫的場面。

動輒與人爆發口角，只會遭到別人鄙視，懂得運用機智和幽默來化解衝突的人，才是眞正有智慧的人。

最後，必須向讀者說明的是，本書原名《用幽默化解窘迫》，出版後廣受好評，由於舊版已經銷罄，特地增訂改版，更名爲《用幽默代替沉默：化解窘迫篇》。

面對挑釁，要懂得巧妙回應

幽默的語言，是一種奇妙的文字排列，同樣一句話，排列組合稍有不同，聽起來效果就天差地別。

PART 2 用幽默化解窘迫

擁有瀟脫且自信的風采，除了用心感受、體會生活之外，更要培養寬廣的心胸，如此就能擁有滿是陽光微笑的生活了。

PART 3 要識時務，也要扭轉情勢

局勢不利於己的時候，要懂得引導形勢，眼光要看得比別人遠，腦筋要動得比別人快，才能立於不敗之地。

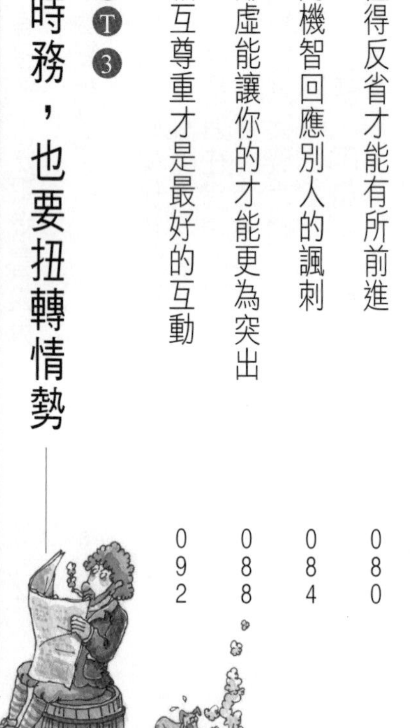

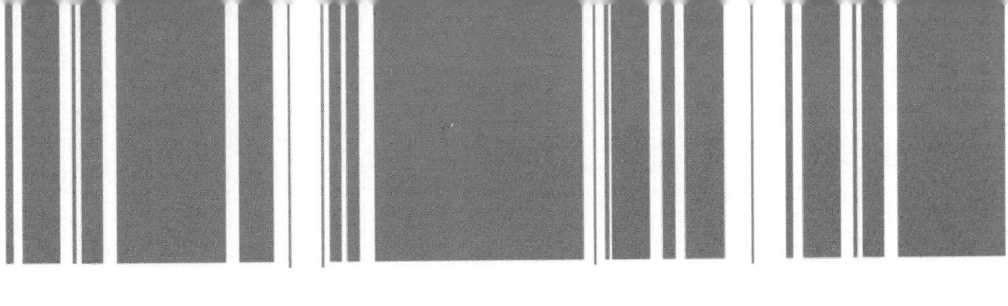

PART 4

隱喻可以降低對方的敵意

隱喻，是一種幽默的形式，重點就在於不把話意點明，讓聽話者自行決定話語中的意涵，既可以降低敵意，也可以達到目的。

PART 5 以迂迴方式來迷惑對方

言語交鋒，以看似軟化的態度與迂迴引導的方式，讓對方失去防心，再乘勝追擊，更能收得超乎想像的效益。

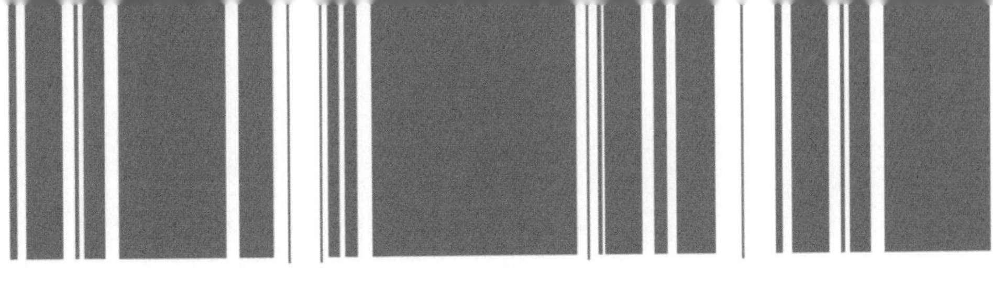

PART 6 用幽默的話語表達自己的誠意

我們不需要強迫自己偽善，但我們可以想辦法不做壞人，在能力範圍內予人方便，幫人一把。

PART 1

面對挑釁，要懂得巧妙回應

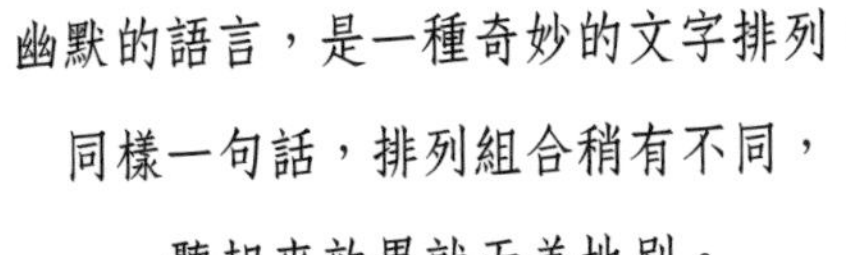

幽默的語言，是一種奇妙的文字排列，

同樣一句話，排列組合稍有不同，

聽起來效果就天差地別。

裝糊塗也是一種幽默的方法

裝瘋賣傻的背後，可能是一個工於心計的策略，越是迷糊、傻氣的表現，有時候反而是一種最大的嘲弄和諷刺。

眞要細數起生命裡令人手足無措、內心煩悶的事情，林林總總何其之多，如果不能找尋一種紓解的方式或宣洩的管道，人心恐怕會這麼不斷地隨著環境的變化而浮躁起來。

人在浮躁的時候，頭腦也多半不太靈光，犯錯的機率就更高了。

有位哲人說，能夠運用幽默的方式，把自己所有的不滿和不快都包含在一笑之中，會是一種明智的選擇。

這句話聽起來還蠻有道理的，能夠適時適地裝糊塗，似乎是一種不錯的處世方式，有時還能達到意想不到的效果。

十五世紀時，曾經長期擔任倫敦西敏寺公學校長的理查德．巴斯比是一位個子相當矮小的人，但是這並不代表他的智慧也和他的身高成正比。

有一次，他走進一家咖啡館裡，當時人潮非常擁擠，突然身後傳來一聲叫喚：「喂，巨人，你可以帶我到座位上去嗎？」

他回頭一看，原來是一位身材高大的男爵，這個人一向以見識膚淺和生活放蕩出名。

巴斯比不想和他動氣，應聲答道：「呵，侏儒，當然可以。」

那人擠過來他的身邊，故意說：「喔，請你原諒，我並不是在取笑你的身材，而是在說你的才智。」

巴斯比聽了這話，仍舊沒有動氣，面無表情地回敬他說：「放心，我也不是指你的身材。」

中國有句諺語說：「吃虧就是佔便宜。」

這句話，雖然每個人都耳熟能詳，但眞正能做到的人卻沒有幾個，其實原因就出在這是一句違反人性的格言。因爲，凡是吃過虧，尤其是吃過「啞巴虧」的人，都一致認爲「吃虧」根本不可能等於「佔便宜」，必須適時加以反擊，才是最聰明的應對方式。

這場論戰並沒有煙硝味，但仔細一聽就可以發現，兩個人從頭到尾都在打迷糊仗，表面上各自裝糊塗，內心裡卻不乏精明的算計，也因此讓旁人看來精

采無比、火花四濺。

俄國作家車爾尼雪夫斯基曾經說過：「一個人的諧謔大部分都是挖苦揶揄，因為他感到了侮辱；而挖苦則是受侮辱者的諧謔，劇毒的諧謔。」

裝瘋賣傻的背後，可能是一個工於心計的策略，越是迷糊、傻氣的表現，有時候反而是一種最大的嘲弄和諷刺。

冷嘲熱諷不是最好的待人模式，卻是必須備而不用的基本裝備，當正常的管道和反應失去準頭時，這個「救援投手」就得隨時上場。

◦用幽默代替沉默的應對智慧◦

人不會裝糊塗，就不懂如何生活；裝糊塗既是盾，刀槍不入；也是箭，什麼盾也擋不住。

——阿雷帝諾

面對刺耳的話語，以幽默軟性反擊

幽默是一種軟性的反擊，在氣度和機敏度上勝過對方一籌，才能成功地扭轉局勢。

幽默有些時候是非常具有諷刺性的，但是，諷刺性的產生，通常並非一個腦袋主動性地想在言語上欺壓另一個腦袋，而是當一個人無端遭受到言語攻擊的時候，一種不願吃虧的直覺反應。

無心之言，說起來無心，可是聽在被攻擊的人耳裡自是刺耳得不得了，反擊，有時候可能也是一種即刻性的回應。

當然，人與人之間的種種言詞交鋒，其實也都代表著在各自的內心裡，對於這些話語的重視程度。

古希臘悲劇作家歐里庇得斯曾經對人表示，他有時候光是要寫下三句詩句，就得絞盡腦汁，花上三天的時間。

有一位詩人聽到他這麼說，忍不住驚叫：「那麼長的時間，我都可以寫出一百句了！」

此話傳進歐里庇得斯耳裡的時候，他聳聳肩說：「這我完全相信，可是大概只會有三天的生命吧！」

那位詩人可能只是不小心脫口而出，可能千等萬等終於等到這個羞辱歐里庇得斯的機會，也可能他的話被人斷章取義，反正這句話聽進歐里庇得斯耳裡

就不是滋味，也難怪他回話時顯得尖酸許多。

有些領域講求快又有效率，有些領域講求慢工出細活，有些領域則完全與快慢無關，看的是創意和內涵。

至少在「詩」的領域裡，作家量產詩句的速度與否，顯然和詩句得以流傳千古與否的相關度極小，甚至可能完全無關的。

寫得多，不代表寫得好，寫得快也不代表寫得好；詩的好壞，和個人的學識經歷與創意天賦才有關係。

歐里庇得斯就是抓住這個重點來加以反擊，順著對方的話頭話尾，表面上贊同，實際上反駁，正是綿裡藏針的一種反擊模式。被反擊的人得要聽得出其中的精妙才能恍然大悟。

這個攻擊想要做得成功，首先態度得要夠誠懇，用語得夠幽默，回應的速度也要夠快，效果才能出人意表，攻擊於無形。

幽默，可以說是一種軟性而有效的攻擊，針鋒相對的回應效果會有折扣，因為諷刺要對方能聽得懂話裡的含義才能產生影響。會選擇反擊，顯示局勢已經稍微令自己走向劣勢，而以幽默來回應，則是要在氣度和機敏度上勝過對方一籌，才能成功地扭轉局勢。

○用幽默代替沉默的應對智慧○

要學度量長，先學受冤枉；若要度量寬，先學受懊煩。

——呂坤

面對挑釁，要懂得巧妙回應

幽默的語言，是一種奇妙的文字排列，同樣一句話，排列組合稍有不同，聽起來效果就天差地別。

幽默的言談有時候是訓練出來的，是一種高度靈敏的防禦能力。不中聽的話，惡意的批評，刻意的挑釁等等，都會引發人的怒氣和內心的不愉快，然而，心裡不爽並不代表你只能沉默以對，或是和人大吵一架、大打一場，在許多人際關係的戰場上，你可以選擇以巧妙的言語來回應。

這時候，懂不懂幽默，夠不夠機靈，就攸關你的勝負了。

西元前三世紀，在雅典城裡有位將軍名叫伊菲克拉斯特，出身非常貧苦，完全是依靠著自己的實力才達到顯赫的地位。

可是，有一個貴族十分眼紅伊菲克拉斯特的成功，故意在背後嘲笑他的出身，大肆嚷嚷說，伊菲克拉斯特不過是鞋匠的兒子，有什麼好囂張的。

話傳進了伊菲克拉斯特的耳裡，當然很不是滋味，即便對自己的出身沒有什麼好羞赧的，但是這種惡意挑釁還是讓人非常不爽。

於是，這名位高權重的將軍便慢條斯理地回敬他說：

「是啊，你說得很對，我們的確是不一樣的人。我們兩個之間最大的不同就在

於，我的家族從我開始振興，而你的家族卻從你開始敗亡。」

原來，那名貴族是前雅典功臣阿莫迪斯的後裔，阿莫迪斯在兩個世紀前曾經勇敢擊敗暴君海皮亞斯，因爲受人敬重而被封爲貴族。他的後代在他庇蔭之下享有不少特權，但是家族勢力後來已然式微，所以那名貴族才會故意放話想羞辱伊菲克拉斯特，可惜反而自取其辱。

平白無故遭受屈辱，是可忍，孰不可忍，反擊應該是一種正當防衛。

地位越高的人，越是容易遭受到各種大大小小的攻擊，所謂「高處不勝寒」就是這個道理；然而，也正是因爲地位高，權位重，不能隨心所欲利用自己的權勢來反擊，這個時候，幽默就能夠派得上用場了。

幽默的語言，是一種奇妙的文字排列，同樣一句話，排列組合稍有不同，聽起來效果就天差地別。

伊菲克拉斯特是一位大將軍，手中握有權勢，當然不可一世，但是他卻不

能拿自己的權勢來對付那些背後說長道短的人，否則稍有動作可能就會被誣陷羅織罪名，豈不正中惡人下懷？

所以，他改以在言談上作文章，輕描淡寫的一句話就堵得對方臉上無光，既消了氣，又省了麻煩。

防衛，不僅僅只有一種模式，多思考一點，便能奏收事半功倍的效果。

○用幽默代替沉默的應對智慧○

我從沒有向人報仇的舉動，當我迫不得已要與人為敵的時候，我所做的最多不過是一些保護自己或防備他們進一步為惡的必要措施。

——貝多芬

威脅也可以說得非常幽默

動不動就大聲吼叫，企圖壯大自己的聲勢來威嚇別人，只會有起初的效果，久了人人都知道你只是隻愛吠的狗，誰也不會怕你。

想要在兩軍對峙時取得成功，就得有好的謀略，有時候軟攻有時候硬攻，戰術交相運作，才能夠收得出其不意的效果。

一味的妥協和因應，顯然在主動性上失了先機，可能就得處處受制於人，要想突破這種狀況，就得先下手爲強。

從下面邱吉爾的這則軼事，我們可以知道，威脅不一定要嚴逼武嚇，有時候看似幽默的說法也能讓人警戒在心。

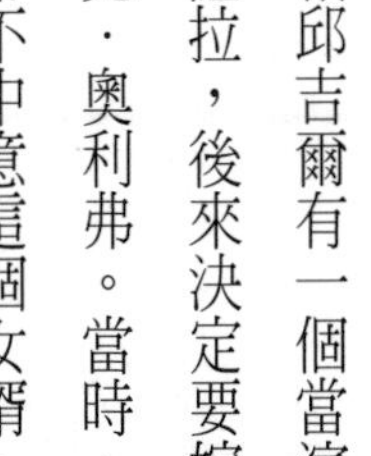

英國首相邱吉爾有一個當演員的女兒名叫薩拉，後來決定要嫁給雜耍演員維克．奧利弗。當時，邱吉爾可是非常不中意這個女婿。

有一天，奧利弗來拜訪，和邱吉爾兩人一同在公園裡散步。

爲了增進和準岳父之間的關係，奧利弗想盡了辦法找話題和邱吉爾閒談，於是問邱吉爾在二次大戰中他最敬佩的是哪一位人物。

邱吉爾一邊走著一邊回答：「墨索里尼。」

這個答案讓奧利弗聽了非常驚訝，因爲這名義大利法西斯獨裁強人正是英

國盟軍的最大敵人之一，他怎麼想也想不到邱吉爾會敬佩他。

邱吉爾接著說：「因爲，他有勇氣斃了自己的女婿。」

這句話更讓奧利弗嚇得下巴都快掉了下來。

養過狗的人一定知道，愛吠叫的狗，看起來很凶，但多半只有警示作用，除非你逼得牠無路可退，牠才會忍不住咬你。但是，面對那種低狺的狗，可得小心了，因爲那就是牠攻擊的前兆。

同樣的，動不動就大聲吼叫，企圖壯大自己的聲勢來威嚇別人，只會有起初的效果，久了人人都知道你只是隻愛吠的狗，誰也不會怕你，反而還會三不五時逗弄你一下，看你氣得跳腳卻拿人一點辦法也沒有。

邱吉爾本來就善於利用幽默的言行來表達自己的想法，就連威脅女婿都可以說得讓人難以招架卻又求告無門。

相信奧利弗心裡縱是有百般的委屈，也因爲挑不出邱吉爾的任何一點語病，只能啞巴吞黃連，把苦水往肚裡吞。

誰叫他是老丈人呢？更何況邱吉爾根本連一句重話也沒說，只是陳述一個事實，因爲墨索里尼的女婿齊亞諾伯爵確實在一九四四年的時候因賣國罪而被墨索里尼判處死刑。

可是，這句簡單的陳述卻有無數的意涵隱藏在裡面，相信奧利弗即使心裡再不悅，也只敢臉上乾笑而不敢造次吧！

◎用幽默代替沉默的應對智慧◎

如果我們舉止有禮、言談友善，我們就能粗暴地對待許多人而安然無恙。

——叔本華

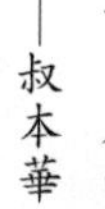

保持幽默的想法來面對危機

不論我們願不願意，問題都會發生，我們早晚都需要去面對，冷靜和沉著、樂觀和積極，將是我們處理問題的致勝關鍵。

生命裡不可能總是風平浪靜一路平順，危機隨時都有可能發生。如果我們不能冷靜小心地應付，不但憂慮很容易產生，事情也會越變越麻煩，使得風和日麗的好日子瞬間變天。

但是，哀愁著臉、皺著眉頭，事情還是存在，問題還是需要解決，哭哭啼啼就能把事情處理好嗎？

當然不可能，與其讓心頭佈滿陰霾，倒不如看開一點，保持幽默的想法和樂觀的心情，說不定轉機下一秒就會出現了。

十九世紀著名的英國陸軍統帥威靈頓將軍，曾經因爲成功帶領英軍打贏半島戰爭而晉封爲公爵。

後來，他又與普魯士名將布魯歇爾聯手，在滑鐵盧之役徹底擊垮拿破崙，粉碎了拿破崙稱霸歐洲的野心，從此聲名更噪。

威靈頓將軍一向以勇猛沉著聞名，有一次海上旅行，他所搭乘的船隻遇到海上風暴，由於風浪太大，船隻危在旦夕，隨時都有沉沒的危機。

過了不久，情況更危急，只見船長匆匆忙忙跑到威靈頓的艙房，大聲通報

說：「糟了，我們就要完蛋了！」

當時，威靈頓正準備要上床睡覺，聽到船長的話，只淡淡地說：「那正好，我就用不著脫鞋了。」

幽默的想法其實是一種能夠適時扶我們一把的潛在助力。把問題想得太複雜，只看到困難的一面，事情還沒開始做，自己先失了一半信心，成功的機率自然也大打了折扣。

相反的，以樂觀的態度來面對，才是解決問題的好方法。即使危機當前，精神緊繃，何妨以幽默來化解焦慮？順其自然，兵來將擋，水來土掩，事情總有撥雲見日的一天。

像故事中的威靈頓將軍，處理危機的能力顯然就勝過船長幾分。

反正大家的命都繫在船上，最糟糕的狀況也不過就一同沉入海底罷了，驚慌失措、哀叫哭喊又有何用？還不如把力氣省下來，想想看還有沒有什麼自救的方法，說不定能夠逃過一劫。

瞧他在生死交關的時刻還有心情開玩笑，就可以看出他沉著的功力。

不論我們願不願意，問題都會發生，我們早晚都需要去面對，冷靜和沉著、樂觀和積極，將是我們處理問題的致勝關鍵。

◦用幽默代替沉默的應對智慧◦

世界屬於熱情卻能保持冷靜的人。

——麥克費

別理那些帶著成見處世的人

所謂「虛心求教」，不正清楚說明我們先要將自己的心清出一個空間，才能真正從別人身上學習到一些我們原本沒有的東西？

有沒有碰過一種人，心裡明明早有了答案，還要來請教你的意見。如果你的回答剛好切合他的想法，那麼彼此相安無事，你只不過是在無形中爲他背了書；如果你的建議和他預想的天差地遠，那麼你必定可以感受得到他從頭到尾的極度抗拒和坐立不安。

這種時候，或許你可以選擇省省你的口舌，不用提出建議，因爲他根本不需要，就算聽了也不會接受。

日本明治時代有一位相當著名的禪師名叫南隱，無論學識和涵養都相當受人敬重，有許多人不惜千里之遠，特地前來向禪師請益。

有一位大學教授，聽聞了南隱禪師的聲名，頗不以爲然，特地來到禪師的住處拜會，想瞧瞧他有幾分能耐。

可是，自他進門後，有好長一段時間，南隱單單以茶相待，卻不談佛說禪。這樣的招待讓大學教授不禁感到疑惑，不過他倒是沒有費事多問，打定主意看看這禪師到底在變什麼把戲。

一連串洗杯、溫杯的動作之後，禪師終於泡妥茶，準備爲客人倒茶。想不到他一逕地在

茶杯裡注入茶水，直到整個杯子都倒滿了還不停手。

教授眼睜睜地看著茶水不停地溢出杯外，再也無法保持沉默，大喊：「別再倒了，已經滿出來了！」

南隱禪師手未停，淡淡地說：「你就像這只杯子一樣，裡面裝滿了自己的想法與看法。如果你不先將自己的杯子空掉，叫我如何對你說禪？」

這位生性高傲的教授想和南隱禪師一較高下，不料卻碰了一個軟釘子。但是，仔細思索禪師所言，難道不是如此？當你心裡已經裝滿了種種個人的想法，又怎麼能聽得進去別人的說法呢？

所謂「虛心求教」，不正清楚說明我們先要將自己的心清出一個空間，才能眞正從別人身上學習到一些我們原本沒有的東西？

禪師毫不客氣地指出教授的問題，言談之中卻不帶半點火氣，以一種幽默的隱喻來提點對方，氣度與修爲果然不同凡響。

這位教授既然有求而來，就應該虛心受教，縱使對於對方的說法難以認同，也該先聽聽對方的說法再詳加斟酌，不該一開始就抱持著挑釁的態度，如此自然惹得對方不悅。

幸好，禪師並不是一個懦弱的人，面對挑戰毫不退縮，還讓對方吃了啞巴虧，這一場拜會究竟是誰教誰領悟了道理，恐怕不言而喻吧！

○用幽默代替沉默的應對智慧○

一場爭論可能是兩個心思之間的捷徑。

——紀伯倫

換個觀點，缺點也能轉換成優點

有勇氣去面對自己的弱點，有魄力去改正自己的缺點，那麼即使有人針對弱點來對付你，你也能以自我解嘲來從容應付。

每個人都會有弱點和缺失，你我都無法否認，這些弱點與缺點，經常會被有心人抓在手上，變成攻擊的把柄。

你當然可以想盡辦法改善你的弱點，也可以努力改進你的缺點，但是有時候來不及改善，適時換個角度和想法，說不定就能將缺點轉換成優點。

這就是幽默的話語和機智的腦袋所能辦到的「不可能任務」。

美國科學家也是最著名的發明家愛迪生，童年時代的生活過得頗爲刻苦，爲了維持家計，必須到火車上兜售糖果、點心和報紙之類的小東西，以換取微薄的金錢。然而，非法在火車上進行銷售行爲，在當時是不被許可的。

有一次，愛迪生在火車上賣報時，不巧被一個力大如牛的列車長逮個正著，那個列車長不只怒聲斥責愛迪生，更不由分說動手打了他一個耳光。這個粗暴的一巴掌打壞了愛迪生的耳朵，從此愛迪生失去了聽力，變成聾人。

然而，日後愛迪生卻不曾心生怨恨，反倒常在公開場合說：「我眞得感謝那位先生，在這個嘈雜的世界上，是他使我清靜下來，不必堵著耳朵去做實驗了。」

愛迪生一生當中，一共取得了一千多種發明的專利權，其中留聲機的發明讓他最爲得意。

當時，有人問他爲什麼不發明一種助聽器，他想也不想地說：「你在過去的二十四小時內聽到的聲音，有多少是非聽不可的呢？況且，一個人如果必須大聲喊叫，就絕對不會說謊了。」

若有人在公開場合裡，有意無意拿你的弱點做文章，你該如何反應？會不會像一般人面紅耳赤或支支吾吾地無言以對？

愛迪生選擇以幽默的態度來回應，一方面表現了自己的氣度，另一方面也巧妙地把自己的缺點轉化爲優點，讓人不得不佩服。

事情本來就有多種面相，要從哪一個角度看起，全憑你的選擇；選擇不同，答案就全然不同。

有些人總是戴著悲觀的眼鏡看世界，於是看到了絕望，看到了沮喪；但有些人卻能夠戴上樂觀的放大鏡，在絕望中發現處處都是希望。

每個人都有缺點，你何必因爲自己的弱點而自卑？倘若你是個對自己的缺點一無所知的人，相信這個缺點不會為你帶來任何困擾；如果你很清楚明白，但卻無法改善，或從不同的角度觀看，那麼問題就來了。

當然，問題並非沒有解決之道，怕的是你不敢面對自己的短處，缺點無從改起，也無法轉化為優點，在別人面前也只好永遠矮上一截。

有勇氣去面對自己的弱點，有魄力去改正自己的缺點，那麼即使有人針對弱點來對付你，你也能以自我解嘲來從容應付。

。用幽默代替沉默的應對智慧。

應該睜大眼睛瞪著困難，衡量困難的大小，對它進行分析。那時，你就會覺得困難並不如它外表看起來那樣可怕。

——諾曼・文森特・皮爾

掌握技巧，才能把話說得漂亮

遇上出言不遜的人時，想辦法換個角度故意曲解對方的意思，諷刺得無聲無息卻又恰到好處，就一點也不會吃虧了。

打從小學開始，學校的課程裡就安排了一門「說話課」，大了以後總是不免對這件事情感到好奇，人不是打從出生起就開始學發音、學說話了嗎？話，每天都在說，怎麼到學校裡還得特地學說話呢？

其實，「說話」這件事可重要了，話人人會說，但如何才能把話說得漂亮，就需要下一番功夫鑽研了。

更重要的是，說好話要有技巧，得看情況、看場合、看對象，如果說不好，那還不如別說話來得好。

英國首相邱吉爾曾在七十五歲生日的時候舉辦了一場慶祝茶會，會中邀請了許多政商名流，各大報章媒體的記者們也都到場躬逢其盛。

有一位年輕記者，第一次和首相會面，心裡頗爲緊張，交談時忍不住對邱吉爾說：「首相先生，我眞希望明年還能來祝賀您的生日。」

聽了這番不吉利的「恭維」，邱吉爾的臉色倒是沒變，只是輕鬆地拍拍那位記者的肩膀說：「記者先生，你這麼年輕，身體看來也還算強壯，我想應該是沒問題吧！」

瞧，這不是說錯話了嗎？本來是一句恭

賀的話，說得不漂亮，反而成了觸人霉頭的話語，被反應靈敏的邱吉爾調侃了一番，相信這名記者當時臉上肯定是一陣青一陣白，懊悔自己何不乾脆閉嘴，省得出糗。

關於說話不得體的影響，作家邱頓・柯林斯曾經這麼說：「我們的言談給我們帶來的敵人，遠比我們行動贏得的朋友還要多。」

話說得不好的壞處，還有個例子可以佐證。電影〈喜宴〉裡，男主角的愛人賽門爲了獲得男主角父母的好感，特地準備了禮物。

他準備了營養品送給男主角的父親，也準備了面霜給男主角的母親，出發點當然是好的，一個保健身體；一個養護青春，但是，他偏偏正中了兩老的死穴，一個怕人提他的身體不好、行將就木；一個怕人提她青春不再、年華老去，目的當然沒達成，反而造成兩老誤會。

問題就出在他的話說得不夠漂亮。

那麼，當我們在日常生活或社交場合遇上出言不遜的人時，又該怎麼辦呢？難道只能白白吃啞巴虧嗎？

或許，可以學學邱吉爾，想辦法換個角度故意曲解對方的意思，諷刺得無聲無息卻又恰到好處，就一點也不會吃虧了。

用幽默代替沉默的應對智慧

每個人都會在自己不感興趣的問題上，以極出色的幽默感去與人爭辯。

——塞繆爾·約翰遜

以含蓄的譏諷表達怒氣

以含蓄的語氣表達自己的怒氣，不是懦弱，也不是退讓，而是一種自我克制的表現；懂得控制自己的情緒，才是真正成熟的人。

所謂人生不如意的事情十之八九，既然不如意所佔的比例這麼高，顯然我們得找些方法來發洩自己的怒氣，否則長期下來，無法排解的情緒堆積在心裡，終究是會出毛病的。

但是，隨便生氣、任意發怒，絕對不是一種想在這個世上好好活著的辦法，遇到不如意的事情，何不利用一點小小的幽默感發洩一下情緒，既不傷大雅，又能減輕心理負擔？

英國第一位獲得諾貝爾文學獎的作家拉雅德·吉卜林，曾經寫下《叢林奇談》、《吉姆》等精采絕倫的作品。

有一次，一家報社不知從哪裡得來他過世的消息，未經求證就刊登在報紙上，這個事件當然引起吉卜林心裡的不愉快。

但是，吉卜林很有文學大家的風度，雖然心裡頗爲生氣，卻沒有任意發飆的意思，也沒有按鈴控告那家報社的打算。

只是，沒多久，那家報社的編輯便收到了一封吉卜林的親筆信。

吉卜林在信上寫道：「由於我剛剛獲悉

我已經去世的消息，所以請別忘記將拉雅德·吉卜林的名字從貴報社的訂戶名單上劃掉。」

如果吉卜林眞的不介意這家報社的作爲，那麼他沒有必要特地寫信去，寫信的目的當然就是想表達自己內心的不悅。但是，如果眞的刻意去製造什麼衝突，似乎又沒有那麼必要，非但事情本身的嚴重度不高，小題大作恐怕也會讓人質疑堂堂諾貝爾獎得主的氣度。

所以，這封短箋去得理所當然，也恰到好處，既已清楚地表達了吉卜林心底的感受，又不會讓場面變得尷尬到不可收拾的地步。相信那位出錯的編輯以後必定再也不敢如此輕率行事了。

幽默的諷刺和隱晦的譏諷，其傷害的力量嚴格說來是不輸槍炮刀劍的。然而，只有在口頭上作文章，顯示說話者本身的自制能力尚未失控；聽話者倘若能聽得其中的意涵，不論心中作何感受，爲了顧全自己的顏面，大抵也不會當眾發作，一波檯面下的暗潮洶湧就此發生。

以含蓄的語氣表達自己的怒氣，不是懦弱，也不是退讓，而是一種自我克制的表現；懂得控制自己的情緒，才是眞正成熟的人。

○用幽默代替沉默的應對智慧○

禮貌像只氣墊，裡面可能什麼都沒有，卻能奇妙地減少顛簸。

——約翰遜

PART 2

用幽默化解窘迫

擁有灑脫且自信的風采，

除了用心感受、體會生活之外，

更要培養寬廣的心胸，

如此就能擁有滿是陽光微笑的生活了。

用直接的方法擊退冒失鬼

當他人的行為態度讓我們感到不適時，不妨適時地提出自己的觀感，這不僅能顧全自己的感受，更能讓對方知道那是你不喜歡的行為。

被稱為「瑞典夜鶯」的國際知名女高音珍妮．林德，曾經在美國演出時遇上了一個突發狀況。

某天夜裡，有一群人忽然敲開她的房門，不過林德倒沒被嚇到，反而很鎮定地問：「你們要幹什麼？」

「沒有，我們只是想看看妳一眼。」其中一個人說。

「這樣嗎？好，看清楚了，這是我的正面！然後……」林德忽然轉過身，接著說道：「這是我的背面！好了，你們可以去告訴其他人，你們已經見過我了！」話一說完，她便將門猛地關上。

「轉個圈，就能把冒失鬼擊退！」這是珍妮．林德的親身體會，也是她要教導老是被冒失鬼莫名騷擾的人的絕妙辦法。

無論是在職場上還是生活中，即便我們不是名人偶像，還是會遇到一些不懂基本禮貌的人騷擾，他們常常無視於別人的感受，更不管對方是否可以接受，總把冒犯別人的行爲視爲不拘小節，或是當人們指責他們不懂尊重時，卻把瀟灑大方當作託辭。

遇到這類人時，我們大可不必爲對方留情面，因爲若不能直接指正或是直接拒絕，而是用委婉或柔性的勸說，

恐怕很難看見效果，甚至會爲自己招來更多麻煩。

美國演員霍莉迪也曾遇過類似的麻煩，當時她正是用直接的方法處理的。在一次電影招待會後，霍莉迪發現有個好色的製片商人，一直緊盯著她那豐滿的胸部，甚至當她瞪著他時，那個商人仍捨不得移開視線。

這時，霍莉迪突然向他點了點頭，然後忽然轉過身去，似乎在撫弄她的胸膛，接著她又轉身，並從容不迫地走到商人面前。

「喂，給你！我想這是你想要的東西吧！」

你認爲那是什麼東西呢？是霍莉迪的「胸罩」啊！

商人一看，臉上登時變得火紅，似乎完全被嚇著了，身子還有些顫抖，人說「有色無膽」的傢伙大概就是像他這樣的吧！

霍莉迪和林德一樣勇氣十足，她們智退冒失鬼的方法雖然直接，但未嘗不是一種解決辦法。

我們總說寧願少交一個朋友，也不能多樹立一個敵人，然而有些非常情況就不宜這麼思考，何況敵人哪有那麼容易樹立？

事實上，我們越是能表明心中的想法，就越能讓人了解我們的爲人，而明白了我們的爲人處事態度，反而更容易得到願意和我們眞心相交的朋友呢！

想要提昇自己的處世競爭力，做人做事不一定要八面玲瓏，但是，一定要講究策略和技巧，幽默的談吐和積極的機智不只可以替自己解圍，同時也可以是和別人輕鬆溝通的工具。

所以，當他人的行爲態度讓我們感到不適時，不妨適時地提出自己的觀感，這不僅能顧全自己的感受，更重要的是，能讓對方知道那是你不喜歡的行爲、動作，讓他們知道你的感受後，從此不再犯錯。

用幽默化解窘迫

擁有灑脫且自信的風采，除了用心感受、體會生活之外，更要培養寬廣的心胸，如此就能擁有滿是陽光微笑的生活了。

薩拉．貝因哈特是位十分迷人的法國女演員，據說她的私生活與舞台上一樣戲劇化，大膽、潑辣且不拘小節的個性，也經常讓她飽受衛道人士的攻擊。

像在美國，就有一位傳教士大罵貝因哈特：「她根本是個惡魔，而且是一個源自巴比倫傳說中的女魔頭，是來腐蝕、污染我們純淨的美國大地的。」

貝因哈特聽說後只是笑一笑，然後很溫和地寫了封信給那位傳教士，上面寫著：「親愛的表演者，我眞的不明白您爲什麼要這樣猛烈地攻擊我。您知道嗎？我們同樣從事表演工作，您身爲一個演員眞不應該讓另一個演員這樣難堪啊！」

這封信一出，貝因哈特受到的批評和攻擊非但沒有減少，反而樹立了更多敵人，可以說幾乎全美國的傳教士都與她結下了不解之仇，甚至傳教士們在傳教時，都會提醒美國民眾：「薩拉·貝因哈特是來自巴比倫的娼妓，你們要小心，千萬別被誘惑了。」

但是，傳教士們的羞辱與謾罵非但沒有讓美國人民厭惡她，反而讓他們對這個女演員產生更大的好奇心，還有人開始迷戀起她呢！芝加哥主教知道後非常生氣，連忙寫了份措辭尖苛的攻擊文宣，並印發給所有民眾。

聽說這件事後，貝因哈特委託她的經紀人送一封信給芝加哥主教，裡頭是一封信和一張銀行匯票。

信上，她是這麼寫的：「主教大人，我即將到芝加哥演出，按慣例，我得再花四百塊美金做宣傳廣告，不過如今您已經幫我做了一半的宣傳工作了，因此，我特地匯二百塊美金回贈貴教會。」

面對人們無情的攻擊，聽見人們惡意的詆毀，大多數人都會暴跳如雷，更堅持要用強烈的反擊攻勢，但是貝因哈特卻不願這麼做，因爲她知道面對批評時，反攻的力道越強，人們再反擊的力量也會越強，因此與其永無止盡地對抗，不如輕看、淡忘，或是坦然面對與迎接。

於是，我們先是看見她微笑應對，大大地顯現出她的才智，後來再見她主動出擊的策略，更以灑脫優雅的處事風采爭得人心，這種智慧與態度實在令人激賞。像這樣的應對機智，似乎是藝人們天賦的本事，像美國影星卡羅爾·錢寧也曾有過類似的表現。

多數藝人的付出常常超出我們的想像，而他們專業態度更是不容輕視和忽視，就像美國影歌雙棲明星卡羅爾．錢寧，便是從歌廳裡的小歌星當起。

當時的她便已展露出絕佳的表演天分，因而在小歌廳裡累積出不少支持者。爲了能與樂迷有多一點互動，她在表演節目中安排了一段很感性的時間，在這個時間內，聽衆可以即興向卡羅爾提出一些問題。

有一回，有人問她：「妳還記得那個最令妳窘迫的時候嗎？」

「是的，我當然記得！」在這個簡潔有力的回答之後，卡羅爾便笑著說：「好，下一個問題！」

沒有其他回答，只有「記得」兩個字，即使觀衆問題的要點不在此，但是對錢寧來說，只要「記得」曾經的過去就好，其他的，無論是流過多少汗水還是淚水都不重要了。

從貝因哈特和卡羅爾機靈的反應中，我們也看出了她們看待自己人生的態度，其實藝人們在歷經重重困苦後，面對生活中的一切，孰重孰輕，往往比一般人更懂得選擇。

那麼，你從她們身上得到了多少啓發呢？想像她們一樣，擁有如此灑脫且自信的風采，除了用心感受、體會生活之外，更要培養寬廣的心胸，如此就能擁有滿是陽光微笑的生活了。

讓自己的心境保持年輕

有人選擇感慨青春不在，也有人會選擇依舊樂觀面對；生命沒有真正「老了」的時候，只要你能給自己一個「年輕」的希望。

據說，法國女演員貝貝因哈特晚年時變得十分安靜，不太喜歡吵雜，因此選擇了巴黎一處公寓休養，並選擇住在樓層最高的那間房間。

有一天，有位年事已高的老影迷前來探望她，只見他萬分辛苦地踩著一階又一階的樓梯，最後總算氣喘吁吁地出現在貝因哈特家門口。

貝因哈特開了門，卻見這個老影迷仍大口地喘著氣，等他稍稍恢復一點力氣後，有些埋怨地說：「夫人，您為什麼要選擇這麼高的地方啊？」

貝因哈特笑著說：「喔，我親愛的朋友，因為這是唯一能讓男士們看見我之時，仍然能怦然心跳的好辦法，不是嗎？」

如此瀟灑自信的應對，讓人似乎親眼看見貝因哈特迷人的巨星風采，也似乎歲月從未帶走她年輕的心，她的答話依然那樣青春洋溢，一樣充滿著逗趣與機智。

這一點法國歌手莫里斯．謝瓦利耶和她一樣，當面對人生的尾聲時，似乎仍有著無限的活力和幽默風趣。

當年，已經七十好幾的法國歌手莫里斯．謝瓦利耶，正在後台和喜劇演員菲爾．西爾弗聊天，就在這個時候，走進了一群十分漂亮的年輕女演員，嘰嘰

喳喳地從他們的身旁走過。

謝瓦利耶看著她們的身影，忍不住搖搖頭嘆了口氣說：「唉，要是我再老二十歲就好了！」

「嗯？你的意思應該是再年輕二十歲吧？」西爾弗不解地問。

謝瓦利耶搖了搖頭說：「不，如果我再老二十歲，那麼我看見這些年輕女孩就不會再感到心煩了。」

雖說「再老二十歲」裡有著有心無力的感慨，不過，其中嘲弄自己如今年事已高，卻仍然對女孩們動心的幽默自嘲，其實滿是人生通透看待的心得啊！

從兩位老演員的表現中，我們也看見了他們對生活仍然充滿活力的心態，回到我們自己的生活中，你是否也像他們一樣，依然保持著年輕活力呢？

西爾弗的不解代表他不知道樂觀生活的定義，而謝瓦利的「再老二十歲」便是解答：「未來未知，因而我無法確定二十年後的情況，然而在當下，我仍然可以確定自己的心仍是活的，更能確定這顆心仍是熱騰騰的，所以與其感嘆逝去的青春，不如把握當下，積極往前看吧！」

有人會像西爾弗一樣，選擇感慨青春不在，也有人會選擇和貝因哈特和謝瓦利一樣依舊樂觀面對；換句話說，生命沒有眞正「老了」的時候，只要你能給自己一個「年輕」的希望。

努力就是通往成功的秘技

人生的路靠我們自己走，成功的機會更得靠我們自己去尋找，唯有付出了汗水，才可能逐漸邁向成功。

能成爲海頓的學生，對莫札特而言是一種幸福，因爲他的才華從未被壓抑，雖然他常常挑戰老師，但海頓從未擺過老師的架子，反而大方接受他的挑戰，即使輸了，也不吝於讚揚弟子的才華。

某一次，莫札特又胸有成竹地和老師打賭說：「老師我能寫出一首連您也彈不出來的曲子。」

海頓懷疑地說：「不可能！」

只見莫札特用不到五分鐘的時間，匆匆就將樂譜的手稿完成，然後立即呈

到海頓的面前。

海頓拿到了樂譜，立即演奏起來，然而他彈奏了一會兒後，忽然驚呼道：「這……怎麼可能，我兩隻手已經分別在鋼琴的兩端彈奏了，這裡怎麼還多了一個在鍵盤中間的音符呢？孩子，這誰也彈不了啊！」

這時，只見莫札特微笑坐到另一台鋼琴前，一樣流暢輕快地彈奏著，當他彈到那個音符時，卻見他彎下身來，竟是用鼻子彈出了那個音符。

海頓一看，哈哈大笑地說：「好啊！」

人們稱莫札特是音樂神童果眞沒錯，這個用鼻子彈琴的動作，充分展現出神童的音樂創意，那不僅充分發揮在五線譜上，更發揮在他的表演技巧上。畢竟，誰說彈琴只能用雙手，鼻子用力一點，一樣能彈奏出音符啊！

事實上，這世上沒有眞正的天才，所謂的天才也是經年累月努力出來的結果。或許，我們可以這麼說，神童的超強領悟力也是經由他們努力學習得來的，像那些一口氣就會背誦各國語言，或是能記憶一首又一首美麗詩句的孩子，他們每人花費在學習單字和詩句的時間，往往都比那些被說是資質平常的孩子們多上好幾倍啊！

「想當天才，你就要先問自己，為了天才之路下了多少功夫！」這是莫札特給一位年輕作曲家的建議。

因爲對他來說，成功機會仍得靠自己去尋找，因而當年輕人問他：「要怎樣才能寫出交響樂啊？」

莫札特頓了一下才答道：「你還年輕，現在寫交響樂還太早了，何不先從敘事曲開始呢？」

年輕人頗不以爲然地說：「您說我太年輕了，可是您開始寫交響樂的時候不是只有十歲嗎？」

「沒錯，不過我當時從未向任何人詢問寫交響樂的方法啊！」莫札特說。

每一個天才都比普通人更加明白一分耕耘一分收穫的道理，換句話說，天才沒有你我想像中那麼神奇，所以別只看見天才成功時的光環，更要明白他們背後的努力和付出。

人生的路靠我們自己走，成功的機會更得靠我們自己去尋找。別再問方法該怎麼尋找，因爲答案就在你心裡，只有你清楚知道，到目前爲止你走了多少路，流了多少汗水；唯有付出了汗水，才可能逐漸邁向成功。

運用智慧突破重圍

遇到麻煩別再等他人幫忙，因為你一定能為自己解圍的，只要你的思考多變化、多變通，自然不會再有坐困愁城的窘況了。

奧地利作曲家約翰．史特勞斯到美國演出後，立即擁有了許多樂迷，而且他高大俊美的身材和紳士風采，以及他那捲曲且飄逸的長髮，更是迷倒衆生。有位婦女甚至還想盡辦法向史特勞斯要得一束長髮，消息傳開後，人們紛紛向他索取頭髮作爲紀念。

一時之間，樂迷們居然掀起了收藏「史特勞斯頭髮」的熱潮，而疼愛樂迷的史特勞斯也不負衆望，一一滿足了他們的要求。

不過熱潮剛起時，有不少朋友十分爲他擔心，他們擔心史特勞斯一時興起，大方滿足了他的樂迷，卻讓原來最迷人的長髮變成一堆雜亂無章的短毛。

因而在他離開美國時，有不少人前來送行，其中便有許多關心他頭頂是否變樣的朋友們。這時，史特勞斯戴著帽子出現了，人群中有人便說：「唉，爲什麼要送人頭髮呢？」

就在這個時候，史特勞斯忽然摘下帽子，然後揮著手向樂迷告別。在此同時，他們也看到了：「咦？他的長髮還好好地長在頭上啊！該不會他有什麼保養秘訣吧？」

其實，史特勞斯根本沒有什麼秘方，如果人們眼尖，肯定能發現他抵達美國時帶來的一隻長毛狗，如今只剩一身短毛了。

想像「長毛」變「短毛」，再想像樂迷們如獲至寶般的喜悅，你是否已經笑得不支倒地了呢？

追星族的癡迷和史特勞斯的機智形成了強烈的對比，這不算是欺瞞的行為，一切不過是個單純的供需關係，也算是你情我願的互動結果。

而且從這解決問題的巧思中，史特勞斯其實也給了我們一個爲自己解圍的方法，那便是：「遇到麻煩別再等他人幫忙，因為你一定能為自己解圍的，只要你的思考多變化、多變通，自然不會再有坐困愁城的窘況了。」

在這方面，音樂家布拉姆斯也有同樣的智慧，向來以抒情樂曲見長的他，譜出的每一個音符都像包含了某種魔力似的，總是讓聆聽者感動不已，甚至令年輕女孩們爲之陶醉著迷。

有一回，布拉姆斯剛表演完下台休息時，才一坐定位，立即就被一群喜愛他的女樂迷團團圍住，她們熱情地讚美他的創作，有些女孩還不時搔首弄姿地想引起他的注意，然而面對這樣的「盛況」，布拉姆斯可是一點也不覺得愉快。因爲，這群女人們嘰嘰呱呱的聲音，擾得他心煩氣躁，雖然他好幾次想藉故脫身，但始終無法突破「重圍」。

最後，布拉姆斯只得無奈地取出一根雪茄，然後大口大口地抽起煙來。這一招果然立即見效，因爲濃烈的煙味和煙霧讓她們非常受不了，有個女孩便忍不住嬌嗲：「眞正的紳士不應該在女士面前抽煙的喔！」

只見布拉姆斯的嘴角微揚，依舊老神在在地繼續吞雲吐霧，然後淡淡地說：「妳們忘啦！有漂亮天使的地方就應該要有祥雲繚繞的景象呀！」

好一個「天使」配搭「祥雲」的理由，爲了突破衆天使的「重圍」，找到一個可以輕鬆自在的呼吸空間，布拉姆斯最後想出了先「破壞空氣」再換「新鮮空氣」的絕妙辦法。

從「圈圈中央」飄散出裊裊煙霧，每一個女樂迷必定都會呼吸到這嗆鼻的煙味，但是提出抗議聲時，聽見自己被布拉姆斯形容爲「天使」後，又有誰會責備他的不是呢？

於是，煙霧慢慢散開之後，忍受不了煙味的人只得慢慢地跟著「散開」，散到可以呼吸新鮮空氣的地方，至於布拉姆斯，當然也借著這些「祥雲」突破重圍囉！

看完這兩個風趣幽默的解決辦法後，你是否也學會了怎麼替自己解圍呢？

小心說話，不如用心說話

用心話說比小心說話更為重要，用心，人們自然會聽出你的溝通誠意，還會看見你樂觀積極的人生態度，和那份堅定無比的自信。

十八世紀後期，英國最有成就的喜劇大師謝立丹，在演出第一部喜劇《情敵》時，應觀眾的要求再次上台謝幕。然而，就在他走到舞台中央時，有位坐在劇場包廂裡的客人對著他喊道：「這個戲劇實在糟透了！」

謝立丹先是給了對方一個九十度的鞠躬，然後微笑地說：「親愛的朋友，我完全同意您的看法。」

然後，他邊聳聳肩，邊指著台下還在熱情地鼓掌叫好的觀眾們說：「不過，我們只有兩個人，恐怕影響不了這麼多的觀眾，更撼動不了本劇在他們心中的好壞，是不是呢？」

他話一說完，劇場內立即再次響起如雷的掌聲。

看見謝立丹所展現的機智轉移，你是否也忍不住鼓掌叫好了起來呢？

公眾人物聽見批評的機會比一般人多上千倍萬倍，因而他們也比一般人更懂得如何看淡，更知道怎麼將問題四兩撥千斤地化解，又或是像謝立丹一樣，以無比堅定的自信臉龐尋找支持他的人，一同反擊那些無情的批評。

回到我們生活中，無論是在日常生活中，還是在競爭激烈的職場上，我們必定會遇到與自己相反意見的人，或是

一些老愛批評的上司，遇到這樣情況的時候，你都是怎麼解決、面對呢？

除了微笑裝傻之外，我們還可以學學謝立丹，謙虛接受人們的批評指教，也虛心聆聽不同的聲音，然後再冷靜思考對策，我們一定能想出一個可以保全對方面子，又能為自己爭回肯定掌聲的好方法，就像美國鋼琴家波奇在某次演出時的表現一樣。

有一年，波奇來到密西根州的某個城市登台表演，然而當鋼琴家一踏上舞台，眼前的景象卻讓他十分失望，因為現場座位居然坐不到一半。

當然，對音樂家來說，就算只有一個人來聆聽他的演出，他一樣會盡力表現，絕不讓人失望。

於是，波奇緩緩地走到舞台中央，然後對台下的觀眾們說：「你們福林特城的人一定非常有錢，因為我發現，你們每個人居然都買了兩個座位！」

話才剛落，全場登時歡聲雷動了起來。

原來可能變成嘲諷的話，在波奇巧妙地用字後，變成了一句給願意來聆聽他演奏的樂迷的肯定，這就像是以經濟艙價錢換得了坐頭等艙機會般的比喻，樂迷們聽了當然十分開心，更重要的是因為有這樣的機會，他們才能欣賞到鋼琴家的幽默機智。

能否用心話說比是否小心說話更為重要，因為很多人只知道小心提防，卻不知道怎麼用心說話。

其實，若能用心，我們自然不會老說錯話；懂得用心，我們便會期許自己能把每一句都說進人們的心坎裡。

更重要的是，用心，人們自然會聽出你的溝通誠意，還會看見你樂觀積極的人生態度，和那份堅定無比的自信。

懂得反省才能有所前進

別再暴跳如雷地大聲抱怨，而是該反省自己，仔細想想自己到底出了什麼問題，又有多少不如人的地方，如此才能有所進步！

以演出莎劇聞名的英國演員兼劇團管理員赫伯特．特里，有一回在排練時，演員們的情況非常不順利，總是無法達到要求。

只見他皺著眉站在舞台上，又忽然指著一名年輕演員要他向後退幾步，這位演員也乖乖地退了幾步。

但是，過了一會兒，特里又喊卡了，只見他有些生氣地對著那個年輕演員說：「請再後退一點。」

這位演員乖乖照辦後，排演才又開始進行，但是才進行沒幾分鐘，特里又喊了第三次暫停，排練再度停頓，且他仍然對著那個年輕演員說同一句話：「還要再向後退一點！」

「先生，我再往後退，就要退到後台去了！」年輕演員忍不住抗議。沒想到特里卻說：「對，這就對了！」

累積幾分實力才能揮發幾分功力，雖然這個道理我們都知道，但就是有許多老人搞不清楚自己有幾兩重，就好像故事中的年輕人一般，始終不知道自己的問題在哪，即使特里已經發

出了警告，依舊毫無警覺。

據說，羅西尼也曾遇到像這樣搞不清楚自己才能的作曲家。

那是一位義大利的年輕作曲家，他來請羅西尼幫他聽一聽他的新作品。只是，當羅西尼安靜聆聽他的演奏時，不知道何故，竟不斷地將自己的帽子脫了又戴、戴了又脫。演奏完畢時，這位年輕作曲家忍不住問道：「先生，您爲何要不斷地脫帽又戴帽呢？」

羅西尼微笑著說：「這是我的習慣，每當我遇到『老相識』的時候，都會脫帽打招呼一下。」

從一「退」再「退」的指示中，我們要學會看見問題或危機；在觀察到一「脫」再「脫」的小動作時，我們要能看懂立即停止曝短的暗示。

在舞台上，每個表演者都有一定的位置，換句話說，在原來安排的位置上，一再地「往後退」，且空下來的角色也一再被別人取代，那不正代表你的「能

力」有問題，所以才會一退再退嗎？

又如作曲家一樣，聽不出自己作品裡的模仿、抄襲痕跡，不知道自己的創作完全與人相仿，那不正代表你的能力有限、實力有問題嗎？

所以，當你被調降職位時，就別再暴跳如雷地大聲抱怨，而是該反省自己，仔細想想自己到底出了什麼問題，又有多少不如人的地方，如此才能有所進步，也才有機會當上第一主角啊！

用機智回應別人的諷刺

日常生活中，我們難免會遇到一些人總愛給人冷言冷語，更愛將人貶低，但無論如何，請別為了這樣缺乏風度的話語動怒。

英國女星布蕾斯韋特不僅長得漂亮，演技更是精湛，不過她還有一樣令人拍案叫絕的本事，就是她靈敏的反應和伶俐的口齒。

有一回，影評人詹姆斯·埃加特巧遇布蕾斯韋特時，故意對她開玩笑地說：「親愛的布蕾斯韋特小姐，我有一句話已經擱在心裡好多年了，請您允許我今天把它說出來吧！」

布蕾斯韋特點了點頭，埃加持接著說：「嗯，請原諒我的坦白，其實就我看來，您的美貌在本國眞的只能排在第二位而已。」

埃加特的神情看起來十分得意，以爲自己已經佔到便宜了，也以爲布蕾斯韋特聽到這話後，一定會問他第一名是誰。不過，埃加特心中的「以爲」全都未實現，而且布蕾斯韋特的回應完全出乎他的預料。

只見布蕾斯韋特輕聲地說：「埃加特先生，謝謝您的評論，能在二流的評論家嘴裡聽到這樣的評價，算是不錯的了。」

想佔人便宜，就得先估估自己的實力有幾兩重，好像埃加特一樣，想開玩笑卻找錯了對象，以爲機智暗貶，結果卻成了他有失紳士的表現。那句看似玩笑卻暗藏詆毀傷人的隱喻，聰明如布蕾斯韋特當然一下子便聽出來了，於是布蕾斯韋特一樣以「第二」回應他，埃加特的專業登時被她狠狠地降了一級。

想爲自己爭取地位和尊重，不能光靠口舌之爭，還要懂得運用你的腦袋，就好像擁有作家身份的美國影星克妮莉亞·奧蒂斯·斯金納，也曾用她聰明的腦袋爲自己扳回一城。

曾演出多部名著的她，因爲精湛的演技讓原作中的角色活靈活現，讓她在影壇上很快便佔有一席之地。不過她曾與蕭伯納鬥智的戲碼，卻是影迷們茶餘飯後最常提出來談論的話題。

據說斯金納還很年輕的時候，很努力地爲自己爭取到演出蕭伯納撰寫的《康蒂姐》劇中主角的機會。當時她雖然還很年輕，不過這一次表演證明了她專業且精湛的表演天分。

演出結束後，蕭伯納發了封電報給她：「眞是最好的，最偉大的。」

雖然這兩句讚美詞並未指名，但斯金納認爲這是劇作家對她的嘉勉，因而匆匆地寫下一行字回電給他：「這麼樣的讚美實在是過獎了。」

沒想到，第二天蕭伯納又發了封電報：「我指的是劇本。」斯金納小姐也再回一封電報：「我指的也是那本東西。」

不知道蕭伯納是有意考驗斯金納即興反應的才智，還是大劇作家對自己的作品太過自滿，不過從這幾封電報中，我們便能看見斯金納的聰明回應。她並未讓蕭伯納有嘲諷她的機會，一句也是指那個「偉大劇本」的回應，充分展現出她的機智與風趣。

日常生活中，我們難免會遇到一些像這樣的人，總愛給人冷言冷語，更愛將人貶低，但無論如何，請別爲了這樣缺乏風度的話語動怒；你聽，布蕾斯韋特和斯金納正異口同聲地說：「何必為了一句會隨風飄逝的話傷心呢？反正別人的否定永遠贏不了你給自己的肯定，所以不如就微笑回應吧！其他的只要聽聽就好，因為風隨時都會把它帶走的。」

謙虛能讓你的才能更為突出

懂得謙虛，在待人接物時我們便不致於誇大膨脹，也因為步步踏實，反而能讓我們更有自信地面對一切。

施萊艾爾馬赫是德國著名的哲學大師，不僅如此，他還是個非常專業的神學家，特別是在神職的工作崗位上表現得十分出色。

許多人都這麼稱讚他：「施萊艾爾馬赫的佈道對象非常廣泛，他的佈道眞是男女老少都愛。」

的確，當其他神父佈道時，聽眾清一色都是些上了年紀的人，但是當施萊艾爾馬赫演講時，卻總能吸引來自社會各個階層的人，其中不僅有大學生，還有不少貴婦及各級官員。

不過，當施萊艾爾馬赫聽到人們這麼讚美他時，卻是這麼解釋的：「的確，我的聽衆是由學生、貴婦和官員所組成，學生們也確實是爲了聽我演講而出現。不過，那些女人們來是爲了監看她們的孩子，至於官員們，則是爲了配合他們的女人才勉強出現的。」

聽見施萊艾爾馬赫謙虛的解釋後，我們反而更能了解他的魅力，不是嗎？

正是這樣謙卑幽默的態度，讓施萊艾爾馬赫吸引了這麼廣泛的聽衆，畢竟演講者若少了幽默感，是很難獲得聽衆的支持。因此，喜歡高談闊論的人，或是愛對屬下們精神演講的主管人物，不妨認眞地培養點幽默感，台下的人們自然樂於配合鼓掌叫好。

不過，除了幽默感之外，更不能忘記謙虛的態度。懂得謙虛，在待人接物時我們便不致於誇大膨脹，也因爲步步踏實，沒有虛構和浮誇，反而能讓我們更自信地面對一切。

畢卡索的畫作尙未得到世人公認之前，便有許多收藏家開始以高價收買，他們哄抬的價格之高，經常令其他人望之卻步，甚至連畢卡索本人都自認買不起自己的作品。

某天，有一大群好朋友來拜訪畢卡索。在屋內，他們見到牆上掛了許多畫作，不過他們卻也發現，牆上的畫作竟然全部都是別人的作品，畢卡索自己的作品連一幅也沒有。

「巴勃羅，你不喜歡自己的作品嗎？」朋友忍不住提問。

「不，我非常喜歡自己的創作，但是那些舊作實在太貴了，我買不起。」

畢卡索這麼回答。

眞是因爲買不起嗎？

當然不是了，一向最肯定自己創作天分的畢卡索，應該比別人更懂得自己作品的價值，也無須花錢去買，不過當人們一窩蜂地拉抬他的作品價格時，他更懂得去尋找和自己截然不同的創作。

也許，我們可以這麼猜想，對他來說，與其高掛自己的作品，不如多欣賞其他藝術家的作品，更能讓他激發出全新的創作靈感。

生命本身不必過分張揚，低調謙虛反而更能表現出你的不凡，好像畢卡索一般，又如施萊艾爾馬赫一樣。

相互尊重才是最好的互動

不願給人基本的尊重，別人當然也不會替你著想，人與人之間是互相的，你得不到某人的尊重，想必你也不願尊重對方。

一九二〇年，羅素到中國旅行時，可能是因水土不服，一到中國後就生了一場重病。養病期間，羅素拒絕所有媒體的採訪，沒想到這個拒絕動作竟引起了記者們的不滿，其中甚至有某一國的特派記者，竟然因此謊報羅素已經去世的消息。後來，羅素請人交涉溝通，要求該報社人員更正消息並登報道歉，但是卻被對方拒絕了。

羅素身體狀況一好轉便起程回國，在返國途中，正巧取道刊載假消息的報社所在的國家。這對該國媒體來說，當然是個十分難得的機會，各家媒體自然不會錯過這個親近大師的機會，個個使出渾身解數，積極與羅素連絡，希望羅素能給他們採訪機會。

但是，羅素對於該國報社處理事情的態度非常不滿，於是請秘書發送一份他的親筆回函給那群想採訪他的記者們，上面是這麼寫的：「因爲羅素先生已死，所以無法接受採訪。」

先不論羅素的回應，我們不妨先從媒體的反應來思考，記者們因爲得不到新聞便胡亂編造甚至惡意中傷的動作，實在有損傳播媒體的專業形象與職業道德；再從「人」的角度來探討，他們連最基本對人的尊重都做不到了，又如何能得到人們的信賴與肯定？

當羅素順著報社的「希望」，親自宣佈

「死亡」時，想必讓他感到非常暢快吧！

從媒體的八卦風深省，也從閱聽人選取新聞事件的角度深省，許多人偏好的是新聞事件本身的娛樂性而非正確性；聽聞意外，許多人思考的卻不是以後怎麼避免，而是盼望著視覺上的刺激感！

其實，故事中的旨意很生活化，更貼近你我，其中最基本的宗旨正是「尊重」這兩個字。不願給人基本的尊重，別人當然也不會替你著想，人與人之間是互相的，你得不到某人的尊重，想必你也不願尊重對方，不是嗎？

哲學家們的思考角度，常常讓人深思不已，羅素這個看似報復的小動作，其實是要給對方一個自省的機會。

日常生活中，其實我們也會遇到相似的情況，當人們給予我們的回應滿是不悅或厭惡時，請先想一想，是否我們也曾給人相同的對待呢？

PART 3

要識時務，也要扭轉情勢

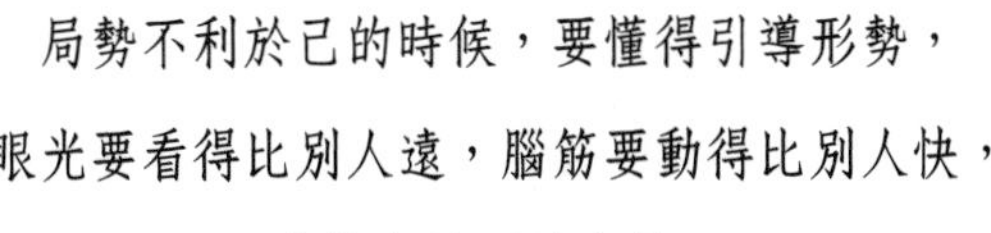

局勢不利於己的時候，要懂得引導形勢，

眼光要看得比別人遠，腦筋要動得比別人快，

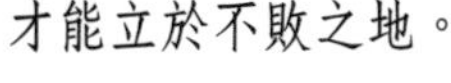

才能立於不敗之地。

有時以退為進，有時以進為退

有時候，一味的強求不一定有用，或許反其道而行，反而會得來意想不到的效果。

漢代開國功臣韓信是個用兵高手，曾經想過一個謀略讓劉邦的軍隊繞過項羽的監視，發動突襲，得了戰功。

這個戰略名爲「明修棧道，暗渡陳倉」，表面上派兵修復棧道，其實兵員和糧草暗地裡前進陳倉，成功地掩人耳目，達成目標。

這個遮掩眞實意圖的方法，不只在打仗的時候好用，對於處理煩雜的人際關係也不失爲良方。

十九世紀英國詩人羅伯特．布朗寧最擅長寫長詩，只要一作起詩來就沒完沒了，從來不知厭倦。

不過，在社交生活裡，他卻最憎惡任何無聊的應酬和閒扯。

有一次他又不得不參加一場社交聚會，在會場被一名紳士拉住，這個人自稱是他的詩迷，一拉住他便滔滔不絕地就布朗寧的作品提出許多問題。

可是，這名紳士東拉西扯了一大堆，布朗寧既不知他爲何而問，也不知問了何用，更不知從何答起，聽久了便覺得十分不耐煩，當下決定要一走了之。

於是，他打斷那人的話，以極有禮貌的態度說：「親愛的先生，請原諒我一個人獨佔了你那麼多時間，現在我該把這個機會讓給別人了。」

布朗寧的口吻幽默，表面上好像不好意思耽誤了對方太多時間，實際上卻暗自竊喜終於脫離苦海，這又是個「明修棧道，暗渡陳倉」計謀成功的例子。

有時候，一味強求不一定有用，或許反其道而行，反而會得來意想不到的效果。所謂「以退爲進」就是這個道理，當然，有時候「以進爲退」也不失爲妥善的保全之道。

生活裡的謀略數也數不盡，沒有萬無一失的策略，也沒有毫無用處的計謀，端看我們如何靈活去運用，因時制宜，見機行事。

○用幽默代替沉默的應對智慧○

一個非常的成功者，一定有著當機立斷抓住時機的能力。

——拿破崙

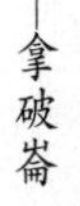

利用幽默的言談轉移焦點

在社交場合裡，懂得視對象不同把握幽默的分際與分寸，更能成功地經營自己的社交生活。

在群居的社會裡，人與人之間需要互助合作，當然少不了社交活動。然而，只要有社交活動的場所，我們就不能缺少幽默感與幽默的言談技巧。

妥善地把握了這個技巧，就可以將社交言談的脈動掌握在手裡，自由地主導話題、轉移話題。

想要改變形勢，就得把主導權掌握在自己的手裡，有時候必須以強勢的態度令對方屈服，有時候適合採委婉的手段引導對方走向自己設定的方向，更有時候要佯裝謙卑引君入甕。

談話時也一樣，當你對談論的內容不感興趣的時候，不妨利用幽默的語法，巧妙地轉移話題，讓對方既明白你的意圖，也不至於感到尷尬。

十八世紀英國文學家塞繆爾·約翰遜，也是一位語言學家和新聞記者，曾經在一七五五年編訂了一套《英語語言詞典》，這本詞典對於當時的英國學界影響極大，頗受好評。

有一次在一個社交場合裡，有兩位女士一同來向約翰遜致意，她們大力讚美詞典本身的價值，除此之外，更特別讚賞約翰遜在詞典裡刪除了許多不雅、猥褻的用語。

約翰遜並不想在公開場合裡和兩位女士討論這種淫詞穢語的事情，靈機一動，故作驚訝地問：「喔！親愛的，這麼說，妳們都已經找過那些詞囉？」

兩名女士聽了，立刻羞紅了臉，連忙轉移話題。

在社交活動中，往往會有不得不出言諷刺的時候，可是說話太尖刻、挖苦他人，反而顯露出自己的器量不夠，所以適度在話語中添上了幾分幽默的色彩，就可以讓諷刺的意圖提升到不同的層次。

當然，在實際的社交場合裡，懂得視對象不同而把握幽默的分際與分寸，更能收得良好的效果。因人、因事、因時、因地，視不同的需求展現不同形式的幽默，更能成功地經營自己的社交生活。

○用幽默代替沉默的應對智慧○

最有希望的成功者，並不是才幹出眾的人，而是那些最善於利用每一個時機去發掘開拓的人。

——蘇格拉底

用幽默的態度回敬別人的蔑視

如果不為自己的尊嚴奮鬥、爭取，便是給了別人蔑視你的機會。這種觀感與印象一旦成形，再也不會有人敬重你。

每個人都希望自己被人尊重，但是想要得到別人的尊重，不是隨口說說就行了，也不是銜著金湯匙出生就算；無論你是誰，無論你出身如何，你都可以從尊重自己開始，進而獲得別人的尊重。

因爲，自己的尊嚴要靠自己爭取與守護。

在歷史上，黑人經常受到白人的歧視。在一次大戰的時候，有一名黑人少

校軍官在路上與一名白人士兵狹路相逢，白人士兵明明已經看見少校迎面而來，但是他見對方是名黑人，就故意不對上校敬禮。

只見他旁若無人地與對方擦身而過，而後，身後傳來一個低沉而堅定的聲音：「請等一下。」

那名白人士兵聽了不耐煩地停下腳步，回過身來，一臉挑釁。

黑人軍官不慍不火地開口：「士兵，你剛才拒絕向我行禮，我並不介意，但是你必須明白，我是由美國總統任命的陸軍少校，而這頂軍帽上的國徽則代表著美國的光榮和偉大。你大可看低我，但身爲美國士兵的你卻必須尊敬它。現在，我把帽子摘下來，請你向國徽敬禮。」

那名士兵知道自己理虧，只好向軍官行禮。

這名行事不卑不亢的黑人少校，就是後來成為美國歷史上第一位黑人將軍的班傑明．戴維斯。

英國學者湯恩比曾經如此對「尊嚴」下過註解：「尊嚴不是相對的，而是絕對的。任何有價值的東西，都不能代替尊嚴和榮譽。」

人若是為了獲得財產和社會地位，甚至為了保衛自己的生命而出賣自尊和榮譽，不僅要受到別人的蔑視，而且也要受到自己的蔑視。

喪失尊嚴和榮譽，換來的只是道德上和肉體上的怯懦。尊嚴是任何東西也替代不了的，一旦失去就再也無法挽回。

換言之，如果不為自己的尊嚴奮鬥、爭取，便是給了別人蔑視你的機會。這種觀感與印象一旦成形，再也不會有人敬重你。

戴維斯以幽默卻堅定的口吻，令該名白人士兵不敢不向他敬禮，在於他明白行禮與否雖然是形式，但是這也是態度的問題。

他的成功，不只來自於他的自信，也來自他對自己的定位；他不曾看輕自己，當然也不會容許別人看輕他。

戴維斯的成功，值得我們學習；戴維斯看重自己的態度，和不卑不亢的行事原則，更是我們應該主動去學習的。

用幽默代替沉默的應對智慧

人假使沒有自尊心，那就會一無價值。

——屠格涅夫

狂妄暴露了你的脆弱

一個驕傲的人，看不見自己的弱點，也瞧不見自己的盲點，當然就避不開來自眼界未及之處的攻擊。

相信人人都聽過「驕兵必敗」這句成語，對自己有信心是一項成功的要點，但是過度自我膨脹顯然便是缺點了。

比方說，進行研究的時候，我們不可能全盤創新，一定是站在前人的肩膀上眺望，才能看得更高更遠。前人累積的智慧與經驗能夠幫助我們發現新方法，避開舊錯誤，所以，好好地進行文獻探討，或許你會發現自己的能力與想法不過滄海中的一粟。

當然，就算我們只不過是滄海中的一粟，卻依然保有自我的價值，重點就在於我們如何虛心地與別人交流，如何彼此激盪出知識的新火花。

十八世紀的英國文學評論家理查德．波爾森，對於古希臘文學有極精深的研究，在學術界裡也頗具盛名，稱得上是當時的古希臘文學權威。

有一名年輕學者自認對古希臘文學頗有心得，又聽聞波爾森的盛名，便主動提議與他共同研究，帶著自己的研究計劃前來請波爾森指教。

波爾森耐心地聽完他的分析，認為年輕學者所知仍不夠豐富，但在言談間卻處處透露著自負，對於

他的狂妄和不自量力相當反感。

於是，波爾森忍不住對他說：「你的建議非常有價值，因爲把我所知道的和你所不知道的部分加在一起，將會是一本曠世鉅著。」

相信那名年輕學者聽了波爾森的這番話，一定覺得面子掛不住，但是他之所以得到這樣的待遇卻怪不得別人，因爲是自己的態度出問題，引起波爾森的反感，才故意諷刺他。

英國辭典作家富勒曾經諷刺地這麼說：「愚人的名字，就像愚人的面孔，總是出現在公共場所。」

愚人的特徵是無知，卻狂妄得自以爲無所不知。

學海無涯，知識無疆，相信沒有人敢自稱無所不知，就算是針對某個專業領域研究的學者，也不敢說自己對該領域完全了解透徹，反而是越深入探究越發現自己不足，越深入鑽研越明白它的浩瀚無垠。

有開創性思想是好的，有批判性精神也是好的，但是毫無來由的狂妄反而突顯出背後的脆弱與不足。

一個驕傲的人，看不見自己的弱點，也瞧不見自己的盲點，當然就避不開來自眼界未及之處的攻擊。

越是飽滿的稻穗，越是接近地面；越是研究透徹的人，越是懂得謙卑；虛心，不是虛僞也不是自輕，而是懂得在傾聽與思考之後，再下判斷。

◎用幽默代替沉默的應對智慧◎

對上級謙恭是本分，對平輩謙恭是和善；對下級謙遜是高貴；對所有人謙遜是安全。

——亞里斯多德

誰開你玩笑，就把玩笑開回去

忙碌的日常生活壓力，讓我們變得嚴肅；笑容能軟化我們臉上的稜角，驅走我們心中的愁緒。

生活裡有著種種壓力，逼得我們不得不去面對現實。我們生存在這個社會上，勢必得去面對一些共同的社會價值，像身材是許多人津津樂道的話題，也是許多人避而不談的話題。

男人要長得高大壯碩，女人要窕窈嬌媚、天使臉孔魔鬼身材，這樣的價值觀念使得衆多健身中心、瘦身機構紛紛成立，使得許多人爲了外貌的問題苦惱。

其實，胖瘦高矮，先天的體質早有定論，本來就各有各的樣，我們又不是工廠生產的產品，怎麼能夠只以一種標準來衡量？所以，萬一有人拿你的身材問題開玩笑，何妨運用一點幽默感，把玩笑開回去！

愛爾蘭劇作家蕭伯納是一位個子非常高的男士，但是身材非常瘦削；至於英國作家也是評論家切斯特頓則和他相反，高大的身材卻非常壯實，每次兩個人站在一起，對比總是特別鮮明。

有一次，蕭伯納開玩笑地對切斯特頓說：「我要是像你那麼胖，我就會去上吊。」

切斯特頓聽了，不怒反笑，回敬說：「要是我想上吊，一定拿你來當上吊用的繩子。」

兩個人一來一往，誰也沒吃虧，也沒誰佔到了便宜，但是我們卻能從這一段對話之中發現，兩位作家都是極具幽默感的高手。

蕭伯納建議切斯特頓上吊，目的就在強調他身材那麼胖，上吊的話肯定死不了；至於切斯特頓也不甘示弱地回敬，蕭伯納的身材細得像枝蘆葦，正好能拿來當上吊繩。

蕭伯納和切斯特頓兩個人都拿對方的身材做文章，但是用語卻幽默得讓人捧腹，減緩了嘲弄的意味，增添了不少趣味，相信看過他們兩人互動的人，一定備覺貼切、有趣。

日本有一類綜藝節目，內容主要安排藝人搞笑，有人說單口相聲，有的做兩人對談，當然也有整組人馬一同說學逗唱，目的都在於利用幽默的對話與動作來令觀眾發笑，劇情有別於一般俊男美女談情說愛的感人落淚。

在美國脫口秀的主持人更是聲望勝過不少電影明星，可見得一般普羅大眾對於笑聲的需求程度之高了。

忙碌的日常生活壓力，讓我們變得嚴肅；笑容能軟化我們臉上的稜角，驅走我們心中的愁緒，保持幽默感更能夠讓我們以不同的角度來看待事情，生活也就不至於過度呆板了。

覺得生活太過緊繃了嗎？覺得心情過於沮喪嗎？覺得日子有點無聊嗎？那你該找個時間好好的笑一笑了，也許就試著從開個幽默的玩笑開始吧！

○用幽默代替沉默的應對智慧○

笑就是陽光，它能消除人們臉上的冬色。

——韓國諺語

要找藉口，就不要賣弄小聰明

當我們絞盡腦汁、努力去想藉口和理由的時候，其實我們反而暴露出自己，只是想藉由說服別人來說服自己。

遇上棘手又麻煩、甚至超乎自己能力的事，只有兩種面對的方式，一是硬著頭皮承接下來，另一個則是想辦法找藉口開溜。

我們當然不鼓勵大家沒有責任感地推託了事，但是有些事就是不做要比硬做來得好，這個時候拒絕可就要很有技巧了。

據說，有一次英國首相邱吉爾召見蒙哥馬利將軍，在言談間邱吉爾忍不住建議蒙哥馬利多研究一下邏輯學，好有助於戰略思考。

但是蒙哥馬利一向對於邏輯學毫無興趣，很擔心自己會陷入其中反而糾纏不清，便想找個藉口來推託。

他說：「首相先生，你聽過這樣一句諺語嗎？所謂『了解和親暱會產生輕蔑』，也許我越是研究邏輯，便會越加輕視它。」

邱吉爾聽了取下煙斗，對蒙哥馬利說：「你說得很對，不過，我要提醒你，沒有一定程度的了解和親暱，什麼也不會產生出來。」

蒙哥馬利之所以藉由諺語的比喻來回答，一方面想找藉口推掉一件自己不感興趣的苦差事，另一方面也想表現出自己不是只會打仗的莽夫，因此稍微賣

弄一下文采。

顯然，蒙哥馬利這個藉口不只想得不夠好，而且弄巧成拙，不然也不會被邱吉爾三言兩語就以幽默的反語輕鬆化解，讓他更顯得顏面無光。

英國作家伯斯金．史蒂芬森曾說：「在小事上吹牛的人是傻瓜，至於在大事上吹牛的人則是超級大傻瓜。」

大家都知道吹噓是不好的習慣，但是，偏偏很多時候我們的腦袋就是管不住嘴巴，爲了顯示自己並沒有矮人一截，故意賣弄小聰明，甚至試圖藉由詭辯來抬高自己的身價，殊不知，在別人眼裡只是個裝腔作勢的傻瓜。

《智慧書》的作者葛拉西安曾說：「不要為了免俗而玩詭辯之術。」

這句話強調，詭辯乍聽之下可能蠻有道理的，但若是被揭穿了卻反而會自取其辱。至於採取詭辯的人，多半判斷力不夠健全，而且不知謹言愼行。

換言之，當我們絞盡腦汁、努力去想藉口和理由的時候，其實我們反而暴露出自己，只是想藉由說服別人來說服自己。到頭來，別人對我們的把戲早已看得一清二楚，眞正受騙上當的只有自己。

或許，眞正的解決方法就在於不要刻意客套，不喜歡就說不喜歡，不願意就說不願意，做不到就說做不到，而不要光是唯唯諾諾、不清不楚地打迷糊仗，甚至賣弄小聰明，萬一西洋鏡被拆穿了，也就糗大了。

◎用幽默代替沉默的應對智慧◎

所以，並不是我們受騙，而是我們欺騙自己。

——歌德

要識時務，也要扭轉情勢

局勢不利於己的時候，要懂得引導形勢，眼光要看得比別人遠，腦筋要動得比別人快，才能立於不敗之地。

即使是百戰皆捷的勇將，也不敢打包票自己下一場戰事一定成功。勝敗乃兵家常事，每一場戰役都可能會有不同的結局，贏了這一場，不一定贏得了下一場，同樣的，輸了這一場，不代表場場皆輸。

但是，真要說起來，我們還是可以算得出競爭的勝率，勝率大的表示成功的次數相對多，未來成功的機率也相對大。

勝率高的王者擁有的不只是良好的資質和運氣，更重要的是有識時務的本領和善於運籌帷幄的技巧。

美國獨立革命時代有一位重要將領名叫普特南，投入軍旅生涯相當久，立下不少戰功，早年更參加過法印戰爭。

他在法印戰爭期間有一次與人發生齟齬，結果造成一名英國籍少將對他提出決鬥的要求。普特南很清楚對方不論實力或是經驗都在自己之上，如果眞要打起來，自己能夠獲勝的機會其實很小。

於是，他要求選擇決鬥的模式，而對方也答應了。

那名英國少將隨他一起來到帳篷裡，只見普特南推出了兩個小型炸藥桶，上頭都接了一根極長的引線。

普特南提出的決鬥的方式爲兩人分別坐

在炸藥桶上，點燃引線，誰先移動了身體就算輸。少將已經答應由普特南決定決鬥的方式，衆目睽睽之下，再怎麼不願意也已經無法反悔。

於是，導火引線被點燃了，只見英國少將臉上越顯不安，而普特南則悠然抽著煙斗，看起來氣定神閒。

隨著引線緩緩被燒熔，變得越來越短，許多旁觀者都忍不住往外逃，終於那名少將再也忍受不了，從桶上跳起來將引線踩熄，不得不承認自己輸了。

普特南笑著迎接勝利，輕輕踩熄即將燒到盡頭的引線，而後小聲地在少將耳邊說：「其實，桶子裡裝的是洋蔥，不是炸藥。」

相信大家一定能想像那名少將當時會是如何一副灰頭土臉的表情吧！

沒錯，他是被普特南惡整，吃了一頓悶虧，但是這樣的結果卻不能單怪普特南狡詐，而得怪他自己太過自恃。如果不是他自以爲在各方面都勝過普特南，絕對不會輸，又怎麼會將決鬥的形式交由普特南來決定呢？既然交出了決定權，就等於是把命運交到了對方手上。

反觀普特南，則非常識時務，懂得審時度勢，發現局勢不利於己的時候，能夠運用計謀將形勢導向對自己有利的環境。最後，他不只順利危機化解，還反過頭來贏得勝利。

這個故事不只提醒我們要謹慎小心，不要犯了驕傲的大忌，更告訴我們眼光要看得比別人遠，腦筋要動得比別人快，才能立於不敗之地。

○用幽默代替沉默的應對智慧○

沒看清楚不要喝，沒讀明白不要簽字。

——西班牙諺語

用幽默替生活製造更多「笑」果

擁有幽默的思維，在待人處世上就不會一成不變，對於許多既定的成規也多半會帶有顛覆的眼光去看待，換個方式思考。

根據醫學研究顯示，笑聲可以治療精神緊繃的狀況，也可以減低憂鬱症的發生。能夠在生活裡多發出開懷爽朗的笑聲，舒緩彼此間的緊張氣氛，既是幫助自己，也是幫助他人。

越是懂得幽默的人，越能在生活中尋找樂趣，製造更多「笑」果。

美國發明家愛迪生在鄉間有一幢避暑的度假別墅，到了夏天，經常邀請許多人一同前往參觀。

度假別墅當然也很有愛迪生的風格，屋子裡到處都是各種發明和省力設備。其中有個地方，在入口處設計了一個槓桿，想要通過的人必須將槓桿移開才能走過去，而且想要轉動那個槓桿，每次都得費上很大的力氣。

幾次之後，有人就忍不住問愛迪生那個設計到底有什麼用，爲什麼屋子裡到處都是省力的新發明，就偏偏這個槓桿是又費力又笨重？

愛迪生聽了，若無其事地回答說：「喔，是這樣的，每個把槓桿轉了過來的人，都能透過幫浦，幫我在屋頂上的水箱汲入八加侖的水。」

大家發現自己竟在不知不覺中成了愛迪生的「汲水工人」，都感到很訝異，又

發現原來只要將槓桿轉動一次就等於在屋頂提上八加侖的水，不禁對愛迪生的發明技巧感到嘆服不已。

從這個小故事，我們可以看出一個對發明著了迷的科學家如何將創造力應用到生活當中，而且樂此不疲。

前蘇聯詩人兼思想家普里什文曾經說：「生活中沒有哲學還可以應付過去，要是沒有幽默，只有愚蠢的人才能生存下去。」

確實如此，幽默會讓人擁有更豐富的領悟力和創造力，要是不懂得幽默，那麼，我們就只能生活在僵化和沉悶的世界。

相同的，擁有幽默的思維，在待人處世上就不會一成不變，對於許多既定的成規也多半會帶有顛覆的眼光去看待，換個方式來思考，這不就是一種創造力的積極表現嗎？

創意，來自於對過往的創新。不同以往的做法和不因襲傳統的想法，同樣一件事情就可能有新的發現與發明。

想要成爲一個有創意、懂得創新的人，得先學會以幽默的思維來生活。試過幾次之後，你便會發現，當你換了一副新的眼鏡，你所看到的世界將更爲清晰，也更爲透徹。

○用幽默代替沉默的應對智慧○

打破常規的道路指向智慧之宮。

——布萊克

不急不氣就會有驚人的創意

不管發生了什麼事，不要慌、不要忙、不要急、不要氣，試著讓自己冷靜下來，說不定你也會有意想不到的驚人之舉！

機智乃創意的源頭，但是機智可不是無中生有，只有最忙碌的腦袋，才可以想出最聰明的點子！

能夠寫出像《聊齋志異》這種膾炙人口的書籍，可見作者的想像力已經到達到了出神入化的地步。清代文學家蒲松齡就是天賦異稟，以他過人的想像力，創造出許多不朽的文學作品。在他源源不絕的靈感中，任何故事都可以信手拈來、妙筆生花。

蒲松齡在年少時就已聞名鄉里，因爲他口才了得，會說許多很好聽的故事。有一次，蒲松齡在路上遇到一群鄉親，爲了聽故事，他們合夥將蒲松齡的鞋子藏了起來，非要蒲松齡提供一個故事，否則休想拿回鞋子！

逼不得已，蒲松齡只好屈從，坐在樹下開始將故事娓娓道來：

從前有一對情侶，兩人私訂終身，非君不嫁，非卿不娶。沒想到女方父母強將女兒另許他人，男的知道後非常傷心，想要勸女方回心轉意，但女方卻一口拒絕，推說父命難違，兩人抱頭痛哭之後，相約當天晚上跳井殉情。

到了晚上，男的先來到井邊，他想試試女的是否眞心愛他，所以將自己的鞋子脫下來放在井邊，自己則藏身到樹後去。

沒多久，女的來了，看到男的鞋子擺在井邊，以爲他死了，對著深不見底的井水哭泣了好一會兒，她本來也想追隨男的而去，但念頭一轉：「我這麼年輕，要是就這麼死了多不值得啊，不如他跳他的，我嫁我的吧！」

於是，女的從井邊站了起來，看看地上那雙鞋子還挺新的，就順手拾起來帶走了。躲在大樹後頭的男子楞在那兒，愛人走了，自己的鞋子也沒有了，他不禁對著井水痛哭了起來。

幾天後，女方家歡天喜地嫁女兒，眼看花轎就要被抬出村子了，男的急急忙忙趕上花轎，對著女的大聲嚷嚷：「喂！妳嫁給別人不要緊，但是得還我的鞋子啊！」

說得正精采，蒲松齡卻停了下來，不說了。

鄉親們才剛入迷，哪裡肯就這麼罷休，紛紛鼓譟了起來：「下面呢？下面呢？」催著他繼續講下去。

只見蒲松齡抬起頭來，眼珠子一轉，又再說了一次：「得還我的鞋子啊！」

鄉親們聽了，先是一愣，接著迸出了笑聲，將鞋子還給了他。

同樣是人生，爲什麼有的人能生活得幸福美滿，有人則是沉悶陰暗？其實，其中的差異只在於是否具備機智幽默的特質。

讓人發噱的幽默言談，往往更能讓對方深思你要表達的意思。

幽默的話語不但可以替自己解圍，同時也突顯出自己的胸懷與氣度。

機智的人不一定智商高，但是他們的情緒管理卻都出奇的好。專家說，機智的先決條件，就是「冷靜」，只有在遇到事情仍能保持冷靜的人，才能做出最聰明的判斷。

因此，不管發生了什麼事，不要慌、忙、不要急、不要氣，試著讓自己冷靜下來，說不定你也會有意想不到的驚人之舉！

PART 4

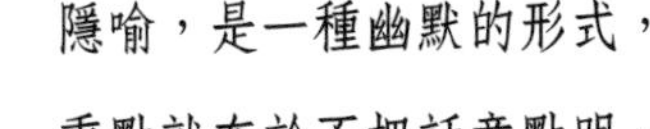

隱喻可以降低對方的敵意

隱喻，是一種幽默的形式，

重點就在於不把話意點明，

讓聽話者自行決定話語中的意涵，

既可以降低敵意，也可以達到目的。

罵人不一定要大聲怒吼

罵人不一定要大吼，一句話可以說起來不慍不火，不帶一點威脅，可是聽起來卻讓人毛骨悚然。

我們無法避開與別人意見衝突的可能性，所以需要學習如何在盛怒之際保持自己的風度，因爲先抓狂的人就輸了。

這個時候，幽默的話語會對你有所幫助，你可以用盡諷刺和隱喻，以翩翩風度把罵人的話說得既漂亮又具備威嚇和警告的意味。

法國國王路易十五有個極愛惹事生非的堂兄，名叫孔泰·德·沙羅萊，不

但性格暴虐、脾氣暴躁，更是惡行不斷，幾乎可以說是個惡貫滿盈的人。

他的嗜好是看人受傷受苦，比方有一次，他的車夫不小心撞倒在一個路上行走的修士，那個場面不知怎麼的卻引起他的興趣，非但沒有立刻派人醫治那名被撞傷的修士，反而命令車夫在路上尋找任何一個可能被撞的修士，然後故意把修士撞倒。

又有一次，沙羅萊無來由地愛上看人從高處跌落的姿勢，竟命人擊落一名當時正在屋頂上鋪瓦片的工人。

事情越鬧越大，有人忍不住一狀告到路易十五面前，要他立刻處決沙羅萊以平民憤。

但是，路易十五卻對於該怎麼做感到有點猶豫，因爲沙羅萊的背

後有著許多貴族勢力在幫他撐腰，才會讓他如此有恃無恐。

後來，路易十五決定原諒沙羅萊，表示對他之前的惡行死刑可免，但是必須負擔他所造成的傷亡賠償和道義責任。

語罷，路易十五冷冷地看著沙羅萊，加上一句附註：「不過，我也會原諒任何一個開槍射你的人。」

俗語說得好：「惡馬總被惡人騎。」

法網恢恢，疏而不漏，沒有可以全然逃脫在外的惡行，也沒有完全無人可治的惡狀，即使逃過得了一時，也逃不過老天的報應。「不是不報，只是時候未到」，這句話說得就是這個道理。

沙羅萊再怎麼囂張，權位總是比不過身為國王的路易十五，而路易十五即使投鼠忌器，也還是有辦法可以治他，一句話說起來不帶半句威脅，可是聽起來確確實實讓人毛骨悚然。今天沒有辦法動他，不代表永遠沒機會，路易十五等於是默許刺客暗殺，有仇報仇，有冤報冤。如果沙羅萊繼續執迷不悟，被暗槍擊斃的日子恐怕也不遠了。

路易十五顧全了沙羅萊的面子，也成功地達到威脅的目的，無疑向我們示範譴責和威嚇的話原來也可以說得如此不慍不火。

○用幽默代替沉默的應對智慧○

溫和、真誠的態度，比怒罵的聲音更能征服人心。

——戴爾．卡內基

換個角度陳述事實

誠實，的確是一種良好的美德，但是不看場合、不夠委婉、直接不修飾又讓人難堪的真話，有很多人在當場是接受不了的。

批評與建議其實是一件非常困難的事。批評得好，不但幫助被批評者檢視自己的錯誤，也提供了妥善的建議；若批評得不好，得罪了人，不但交情破裂，彼此關係生變，對事情本身也沒有實際的助益。

所以，想要讓自己提出的批評成功且有效，又不至於傷及和氣，開口說話的時候，就得多加留意。

十八世紀時有一位歌劇名伶，名叫索菲亞．阿諾爾德，不但歌聲非常動人，在舞台上風姿綽約的演出和迷人的身段，更是風靡了無數的觀衆。

但是，她的喉嚨發生了狀況，治癒之後雖然恢復良好，但是似乎再也不像以往一樣自如地運用她的嗓子。

當她的音樂劇碼再開之時，仍然吸引了大量的觀衆，全場幾乎座無虛席。雖然索菲亞．阿爾諾德的嗓音不似以往，但是她的身段和風采仍然爲她贏得了無數的掌聲。

有一位義大利的經濟學家加利亞尼也赫然在座，這名經濟學者平日在音樂鑑賞方面也頗爲權威。演出結束後，阿諾爾德發現加利亞尼在場，立刻前來拜會，客氣地請教加利亞尼，請他評定一下她今晚的演唱成果。

這眞是個難題，只見加利亞尼沉思了一下，中肯地說：「這是我

一生中所聽過最優美的氣喘聲。」

阿爾諾德是曾經風靡一時的名演唱家，此次復出自然備受矚目，她對於自己的演出表現也必定是極爲重視，因此，她會想聽聽在音樂鑑賞方面頗有名氣的加利亞尼評論是很容易理解的，假若得到了加利亞尼的肯定，就表示她的演出仍在水準之上。

然而，對加利亞尼來說，如此公開的評論卻是一件不容易的事情。

顯然的，阿爾諾德的嗓音確實不如以往，但實話實說，怕阿爾諾德一時臉上無光難以接受，倘若不說實話，又違背了自己的良心和專業素養。所以，他選擇以一句幽默的俏皮話來應對，聽起來像玩笑話，卻包含了某種程度的眞相，語帶批評卻不至於出口傷人。

誠實，的確是一種良好的美德，但是不看場合、不夠委婉、直接不修飾又讓人難堪的眞話，有很多人是接受不了的。實話實說或許維護了眞實，卻傷害了人際關係，得不償失；在這兩種向度之中，到底有沒有妥協的可能？

或許，我們可以在批評之前先想想，我們批評的目的是什麼？是爲了剔除腐肉、清潔傷口，還是爲了折磨對方而在傷口上灑鹽？

倘若只是對對方不滿而口出惡言，那麼這句批評不需要由你來開口，倘若是爲了幫助對方進步，那麼你就該提出建設性的批評。

或許，你可以參考一下加利亞尼的做法，從委婉和幽默出發，換個角度陳述事實，在朦朧之中走向眞實。

○用幽默代替沉默的應對智慧○

留心避免和人爭吵，可是萬一爭端已起，就應該讓對方知道你不是可以輕侮的。

——莎士比亞

把難題拋回給對方解決

把問題直接丟回給對方，將難題交由對方來解決，詼諧的語句和幽默的反應輕鬆地將對方拋出的球擊回，既不囉嗦又省得麻煩。

也許是因為溝通不良，也許是因為彼此不夠了解，當然也可能只是因為彼此看不順眼，這個時候，你可能會遇上刁難。

難題通常不會沒有解決的方法，而且方法可能有許多種，成效各有不同。但是，惡意的刁難就不同了，解決的方法不只選項大減，更有可能因為出題者故意隱藏，讓人摸不著頭緒，只能窮著急。

遇到別人故意刁難的時候，你得先冷靜觀察對方的破綻，找機會反將一軍，好讓對方不得不改弦易轍。

十九世紀末到二十世紀初，物理界出現了一線曙光，德國物理學家威廉·康拉德·倫琴於一八九五年時發現一種特殊射線。

這種射線被取名為「倫琴射線」，也就是後來醫學界經常使用的「X光線」，倫琴的發現轟動了整個德國，更震驚了整個物理學界。

倫琴的聲名水漲船高，各地信件也如雪片般飛來，有一次他收到了一封令他幾乎哭笑不得的郵件。那是一封訂購信，信裡表示要向他郵購X射線。

倫琴最後提筆回了一封極為幽默的信，他在信上寫道：「很抱歉，我目前手頭上並沒有X射線的存貨，而且郵寄X射線是一件相當麻煩的事情，因此恕難從命，不如請你把胸腔寄來！」

姑且不論這封來信是當眞還是開玩笑，顯然都是一封辭意表達不完全的信件，所以才會被倫琴抓到語病，狠狠地嘲弄了一番。

解決問題的方法，永遠不會只有一個，全看我們如何選擇。就好像下象棋的時候，對方的車一路直闖禁區威脅將帥，解圍之道除了想辦法把車吃掉或派遣重兵保護之外，還有一個有效的方法，就是先反將一軍，讓對方不得不陣前抽車或是棄車保帥。

倫琴便是把問題直接丟回給對方，將難題交由對方來解決，不管對方是故意刁難還是辭不達意，都讓對方先搞清楚狀況以後再來。詼諧的語句和幽默的反應輕鬆地將對方拋出的球擊回，既不囉嗦又省得麻煩。

。用幽默代替沉默的應對智慧。

言語是人類心智的軍火庫，其中藏有以往的戰利品，及未來的征服武器。

——科爾列治

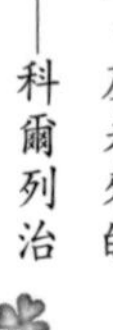

問題越困難，答案越簡單

只要找對了方法，我們就能夠回答任何一個問題。縱使生活中難題處處，但千萬要相信難題自有簡單之處。

每一天，我們都會面臨到很多的問題，我們可以把問題想得很困難，難得讓自己不敢再多想；我們也可以把問題想得很單純，從容易解決的部分開始解起，難題便能迎刃而解。

一個複雜的結，沒有動手去解，結永遠在那裡，不會消失。只要靜下心，試著從其中一端開始解起，剛開始可能越扯越亂，但是隨著結被扯鬆開來，就能慢慢地理出頭緒。

所有的問題，其實都可以用簡單的方式來回答。

瑞士教育學家斐斯塔洛齊有一次被問了一個意在刁難的問題。

那人問道：「請教大師，你能不能從襁褓中就看出一個小孩長大後會變成什麼樣的人？」

「當然可以！」斐斯塔洛齊聽了，倒是很乾脆地回答：「這很簡單，如果襁褓中是個小女孩，那麼她長大後一定是個婦女；如果是個小男孩，那麼他長大就會是個男士。」

相信所有的人聽完，一定很想和那個人一樣回答：「這不是廢話嗎？」沒錯，這可能是廢話，但是你能說這不是一個正確的答案嗎？是的，這個答案每個人都知道，那麼你爲什麼不敢回答？

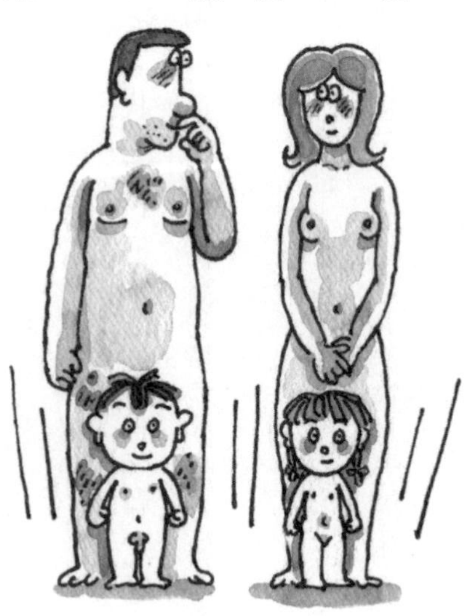

問題之所以困難，往往是因爲我們不願意把問題想得簡單一點，不願意從根本處尋求解決的方法，而又過於顧忌旁邊的枝枝節節，讓太多雜亂的表象把自己的眼睛迷得失去方向。

哲學家們試圖找尋生命的意義，那是一個曠日廢時的艱鉅研究，但是我們細讀哲學家的語言便會發現，他們所探求的問題都是從最基本的開始，從一般人視之理所當然的現象談起。

要相信我們是有智慧的，要相信只要找對了方法，我們就能夠回答任何一個問題。縱使生活中難題處處，但千萬要相信難題自有簡單之處。

○用幽默代替沉默的應對智慧○

真理並不是要從腐朽的書中去尋求，而是要在思想中尋求。

——波斯格言

你可以把禮貌用得更巧妙

你可以選擇在焦躁與衝動的狀態下完成，也可以選擇平心靜氣地完成，但是後者對於環境的和諧必定比較有幫助。

英國維多利亞時代有一種十分獨特的風格，就是極端注重形式，講求繁文縟節，每個人每天做什麼事，符不符合身分地位等等都有極爲嚴格的規定。舉止無禮的人會被斥爲野蠻、粗俗，摒除在社交圈之外。

當然，維多利亞時代及其背後的種種問題弊端已經成爲過去，但是，我們卻不得不承認一點，禮貌在我們的生活中確實佔有舉足輕重的地位。比方說，兩個人發生了爭執，一個風度翩翩、語調輕緩，一個粗魯無文、口吐穢語，以一個完全不明瞭爭執原由的旁觀者來看，會認爲誰有錯呢？

所以，面對無禮的人，你就得以極致的禮貌來對付他。

西元前六世紀，釋迦牟尼經過一連串苦修，終於在菩提樹下頓悟得道。從一位印度王子到一位得道至尊，他一路走來，並不是全都一帆風順。比方說，有一次他到了一處城市講道的時候，突然有位男子闖進了講道會場，劈頭就胡亂以髒話把釋迦牟尼罵了一頓，打斷了講道。

釋迦牟尼並沒有阻止那個人的謾罵行徑，也沒有讓人將他趕出去，只是面帶微笑地看著他。

等那個人罵完，釋迦牟尼開口問道：「謝謝您的指教，請問如果一個人送禮給另一個人，結果受禮人拒絕接受那份禮物，那麼最後禮物應該歸誰呢？」

那個人沒料到釋迦牟尼會突然這麼問他，沒多想就不悅地回答：「當然是歸還送禮的人啊！」

釋迦牟尼點了點頭說：「好吧，我拒絕接受你剛才送我的那些骯髒話，現在就全數歸還給你吧！」

著有《珍珠的選擇》的以色列作家所羅門．伊本．加比洛爾曾經說：「是否能對粗魯者保持耐心，是檢驗良好禮貌的標準。」

從這個標準來看，釋迦牟尼已經通過了考驗，而且在彬彬有禮的態度之下，成功地維護了自己的尊嚴。

做事情的方法有很多種，你可以選擇在焦躁與衝動的狀態下完成，也可以選擇平心靜氣地完成，很難說哪一種方法比較有效率，但是，後者對於環境的和諧必定比較有幫助。

然而，態度和緩並不表示就得當一顆又軟又好咬的軟柿子。你可以想像自己是一顆水蜜桃，雖然外表柔軟，但是對方若有意瞧輕而不明所以地胡亂咬下，中心的硬核肯定令對方牙關發疼，吃盡苦頭。

以有禮的態度來輕蔑對方的無禮，以謙和的舉動來睥睨對方的粗暴，遇到無理的事情，你可以選擇惡形惡狀，也可以捨棄無禮，靜心地用智慧應對。

○用幽默代替沉默的應對智慧○

應當耐心聽取他人的意見，認真考慮指責你的人是否有理。如果他有理，你就修正自己的態度；如果他理虧，只當沒聽見。若他是一個你所敬重的人，那麼可以通過討論，指出他不正確的地方。

——達文西

隱喻可以降低對方的敵意

隱喻，是一種幽默的形式，重點就在於不把話意點明，讓聽話者自行決定話語中的意涵，既可以降低敵意，也可以達到目的。

只要是人就會犯錯，當互動對象的言行舉止有所偏差，而你卻不能直言無諱地指責，最好採取旁敲側擊和委婉勸告的方式來進行。

這種情況最常發生在職場裡，在聘僱關係當中，員工發現老闆犯了錯誤，規勸和忠告當然必要，但除非員工已經不在乎這份工作，否則態度上最好不要失了分際。言談之際保持安全的距離，無論老闆的氣度多大多小，能否聽從勸告，都是老闆自己的事了。

希臘寓言家伊索曾經是一名不自由的奴隸，不過由於他的口才好，頭腦又聰明機智，幾次成功爲他的主人分憂解勞，因此頗受主人的信任。

有一次，伊索受命宰了一頭羊，主人命令他用羊身上最可口的部位來烹調一道菜。沒多久，伊索就端上來一盤由心和舌頭快炒而成的佳餚。主人吃了讚不絕口，大大地誇獎了伊索。

第二天，主人要他改以羊身上最不爽口的部位烹調一道菜。

伊索點頭允諾，過了一會兒，他端上來的竟還同樣是心和舌頭的快炒。

這下主人可納悶了，忍不住問他：「這

是怎麼一回事，最可口的部位是這道菜，最不爽口的部位還是這道菜？」

伊索不慌不忙地回答：「主人啊，如果心地正直、語言公道，這兩個部位便是世上最美好的東西；但是，倘若用心險惡、語言齷齪，那麼這兩個部位便是所有人都討厭的。」

主人聽伊索言之有理，便打消了責備他的念頭。

所謂忠言逆耳，由於良言忠告通常是針對缺點而來的批評，雖然很重要，雖然很有幫助，但是一般人很難聽得進去。

有句話說得極妙：「我們對大多數恩人的感激之情，恰似對拔去我們壞牙的牙科醫師的感情。我們承認他們做了好事，把我們從不幸之中解救出來，但我們也會記得他們帶來的痛苦，因而不會十分喜歡他們。」

從這一點看來，我們大概也不難猜出爲什麼歷史上那麼多忠臣最後下場總是很慘，總是在忠臣壯烈犧牲之後，君王才會感慨地追憶他們。

回過頭來看看伊索的故事，主人的命令就算沒有刁難的意思，也有考驗之意，想要看看伊索會如何來解決問題。

所幸，伊索的反應確實夠靈敏，不但以不變應萬變，而且說出一番道理，將隱喻的功能發揮到極致。

隱喻，是一種幽默的形式，重點就在於不把話意點明，讓聽話者自行決定話語中的意涵，如此既可以降低對方的敵意，也可以達到自己的目的。

○用幽默代替沉默的應對智慧○

世間有思想的人應當先想到事情的終局，隨後著手去做。

——伊索

良性溝通才是最好的互動

抛開情緒，針對問題來理性處理，掌握彼此尊重以及平和的原則，問題就不需要以爭論來解決了。

有人說夫妻之間床頭吵、床尾和，偶爾吵吵鬧鬧，其實也是增進彼此感情的生活情趣。這句話聽起來似乎蠻有道理的，但是，仔細一想，卻不禁讓人覺得有再思考的空間。

人與人之間會有意見上的歧異，是在所難免的，可是，需不需要以爭吵來決定勝負，恐怕就有待商榷。

吵架的時候，任憑誰也沒有辦法保持禮貌，再怎麼據理力爭、就事論事，也難保情緒失控的時候不會口出惡言。換句話說，每吵一次架，就可能說出一句會讓自己日後感到後悔的話。

縱使誤會解開，爭執有了定論，彼此和好了，但是兩人之間曾經有過的裂痕，再怎麼修補仍然看得出痕跡，誰也不敢擔保，當下一次的爭執出現，對方不會再重翻舊帳、重提舊事。

如此循環下去，傷害只會一次又一次地加深。

眼前的平和，或許只是假象，唯有雙方仍存有維繫彼此關係的心，才不會輕易讓爭執破壞了和平。可以溝通的時候，就千萬別吵架；感情不見得會越吵越熱，心倒是會越吵越遠。

英國經濟學家希尼．衛布有一位賢內助——社會學家碧翠絲，兩人合作無間，不只在學術界都有不凡的成就，對於英國社會主義思想的發展和經濟改革也都有重要影響力。

有人曾經好奇地詢問碧翠絲：「爲什麼你們夫婦二人對於一些當代的重要

問題，觀點竟是如此一致？」

碧翠絲聽了，笑著說：「我們結婚之前就彼此商量好了，未來在處理重大問題上一定要意見一致，所以由希尼來決定我們該如何投票，而我則負責確定什麼是重大問題。」

她一邊說著，眼睛裡閃耀著慧黠的眸光。

作家諾斯爾曾經說：「經營婚姻生活有點像買彩券，不同的是，如果你沒中獎，可以將彩券撕掉，但婚姻不行。」

碧翠絲·衛布幽默的話語裡，透露了許多夫妻間良好互動的小秘訣。

我們可以看出，衛布夫婦便是良好溝通模式的代表，他們能夠拋開情緒理

性處理問題。由他們的做法可以知道，這種良好互動並非空中樓閣，衛布把問題的決定權交到妻子的手上，碧翠絲把溝通模式的決定權交到丈夫手上，兩個人的意見都受到尊重，問題的本身也多了思考的空間，這也難怪兩人總是能夠保有平和的意見一致。

夫妻之間的問題，關起門來還是得解決，掌握彼此尊重以及平和的原則，問題就不需要以爭論來解決了。

。用幽默代替沉默的應對智慧。

相較於對勝利的期望，和平是更好、更安全的。

——李維

用幽默將挫折變轉折

幽默，是一瓶洗滌痛苦和煩惱的高效能除污劑。人生有許多無可避免的挫折，只有幽默，才能化這些挫折為轉折。

傳統教育下的東方人堅信「不重則不威」，因此較不注重幽默感，但是在西方，有沒有幽默感常是判斷文化修養高低重要的一環，能在尷尬場面中用幽默化解的，往往會被認爲是最勇敢和聰明的人。

出糗與批評，是每個人都沒有辦法逃避的人生考驗，敵人永遠會想辦法挖掘你的弱點，刺激你的缺陷，好讓你暴露出更多弱點，然後輕而易舉把你攻擊得體無完膚。如果你懂用幽默代替沉默，不但會讓對方無從下手，更表現出自己的高超智慧。

林肯便是歷屆美國總統當中最具幽默感的人，他的幽默無人能及，被後人稱爲「一代幽默大師」。

一天，林肯正要上床休息，突然接到一通電話，電話那端的人請示他說：「稅務主任剛剛去世，能否讓我來接替稅務主任的職務？」

林肯認爲對方資歷不足，立刻回答說：「如果殯儀館同意的話，我個人不反對。」巧妙地婉拒了對方。

又有一次，林肯在台上演講時，收到台下傳來一張紙條，上面只寫了一個斗大的字：「笨蛋。」

林肯看了非但沒有一絲不悅，反而高舉著這張紙條，面帶微笑地說：「我身爲總統，經常收到許多匿名信件，大部分都只有正文，不見署名，然而，這位傳紙條給我的先生卻正好相反，他眞是糊塗透了！只寫上了自己的名字，而忘了寫內容！」

幽默的應對態度對生活確實有許多好處，林語堂在《論幽默》一書中說：「幽默是人類心靈的花朵。」

古希臘的醫學家也認爲：「幽默是治療疾病的調節方法。」

黑格爾說：「幽默是豐富而深刻的精神基礎。」

康德認爲：「幽默是理性的妙語解頤。」

著名的精神分析大師弗洛伊德則告訴我們說：「最具有幽默感的人，是最能適應環境的人。」

幽默，不只是爲了帶給別人歡樂，更是一瓶洗滌痛苦和煩惱的高效能除污劑。人生有許多無可避免的挫折，只有幽默，才能化這些挫折爲轉折。

據理力爭不一定要大聲

據理力爭不一定要大聲，如果可以藉機製造和樂的氣氛，使大家放下彼此之間的敵意，豈不更有機會「爭」到手嗎？

「爭取」這個字眼給人的感覺一向都是很強硬的，但是你知道嗎？眞正高明的「爭取」不是「強奪」，而是在談笑風生之間達成自己的目標……人應該培養積極開朗的心態，讓自己充滿幽默感，因爲幽默經常就是解決紛爭的最佳利器。

一九四六年，「遠東國際軍事法庭」審判日本甲級戰犯時，邀請了十個參

與國的法官們參與，人多口雜必不合，來自各國的法官們爲了在法庭上的座次問題，展開了一場激烈的爭論。

照理說，中國法官應該排在庭長左邊的第二個座位，可是由於中國國力不強，因此各強權國都不肯讓步，堅持要把中國擠到角落的位置。

儘管列強環伺，中國法官梅汝璈仍然堅持不肯低頭，他斬釘截鐵地說：「排座次應該按照日本投降時各國簽字的排列順序，這是唯一正確的原則。當然，如果各位同仁不贊成這個方法，我們不妨找個體重計來，然後按份量的輕重排座，體重最重的坐中間，體重較輕的坐兩旁。」

各國法官聽了，忍不住地笑了起來。

庭長笑著說：「那是拳擊比賽才會這麼做的。」

梅法官不卑不亢地接著說：「如果不以受降國簽字順序排列，那就請大家按體重來排列，這樣的話，即使我敬陪末座也可以心安理得，並且也才好對我國家的人民有所交代，要是我的國家看不慣我坐在邊邊，大可派另一名比我肥胖的來取代我的位置！」

這一說，所有法庭上的人不但笑了，從此還對他刮目相看。

有位美國詩人曾經寫道：「當生活像一首歌一樣輕快流暢時，笑口常開是很容易的；可是，能在面臨挫折和低潮時，還能面帶笑容的人，才是真正活得有價值的人。」

梅汝璈重視的不是自己個人的座次，而是在遠東國際軍事法庭上，他代表國家，他的座次也正是國家和民族尊嚴的象徵，絕對不可以輕讓，無論如何非得據理力爭不可。

只是，所謂的據理力爭，不一定要大聲，也不一定要強硬，相反的，如果可以藉機製造和樂的氣氛，使大家在談笑間放下彼此之間的敵意，豈不更有機會「爭」到手嗎？

PART **5**

以迂迴方式來迷惑對方

言語交鋒，以看似軟化的態度與迂迴引導的方式，

讓對方失去防心，再乘勝追擊，

更能收得超乎想像的效益。

以迂迴方式來迷惑對方

言語交鋒，以看似軟化的態度與迂迴引導的方式，讓對方失去防心，再乘勝追擊，更能收得超乎想像的效益。

我們往往不知道攻擊從何而來，也不清楚下一次遭受到的攻擊會是什麼樣的形式，唯一的因應之道就是時時保持警覺，以不變應萬變。

以言語進行的攻擊最容易傷人於無形，看似不著邊際的說法，有時候就是會讓聽者臉上無光，心有疙瘩。

你最好隨時帶著幽默防身，以言語回敬對方，以迂迴來迷惑對方，一方面避開對方的攻擊，一方面反將對方一軍。

十八世紀英國政治家約翰．威爾克斯以詭辯出名，有一次他又和一位天主教徒爲了宗教信仰爭論了起來。

那位天主教徒明知故問地挑釁說：「在馬丁路德進行宗教改革以前，你的信仰是什麼？」

這樣的問話，擺明了就是要威爾克斯回答出「天主教」這個答案。

但是，威爾克斯可不迷糊，沒那麼簡單上當，反倒不著邊際地問了一句：「你今天早上洗過臉了嗎？」

那名天主教徒被威爾克斯突如其來地問了這麼一個問題，楞了一下，不明

就裡地回答洗過了。

威爾克斯似笑非笑地繼續問：「那麼，能不能請你告訴我，洗臉之前，你的臉在哪裡？」

人的虛榮心理通常都與愚蠢程度成正比，在現實生活中，我們不是經常見到，許多人一有小小的成就，就會迫不及待地讚美自己，見到別人立下傲人的功績，卻忙著四處詆毀？

面對這樣見不得別人好的人，就必須適度發揮幽默的智慧。

王爾德說：「知道如何善用我們的聰明，那就是大智慧。」

威爾克斯以一個看似不相關的問題，成功地反將對方一軍，雖然洗臉之前與之後臉依舊是臉，但是洗過臉後，臉上的髒污得以被除去，正如同天主教在馬丁路德宗教改革之後革除了許多陋習一般。

言語交鋒，雖然並不是非得要爭出個誰勝誰負，但是懂得以迂迴的方式輕鬆避開敵人的埋伏，並且讓對方在覺察不出的狀況之下掉入自己的陷阱，可以說是需要高度的智慧和幽默。

態度強硬、語帶脅迫，或許能夠稍微打壓對方的氣焰，但並不一定能夠使對方心服口服；反倒是以看似軟化的態度與迂迴引導的方式，讓對方失去防心，再乘勝追擊，更能收得超乎想像的效益。

○用幽默代替沉默的應對智慧○

爭論的時候，話要軟，心要硬。不要想去挖苦對手，要試圖說服他。

——威京斯

不用大腦，當然苦惱

倘若你認為一件事不可能做得到，那麼這件事成功的機率必然很小；如果連試都不敢試，那麼成功的機率絕對等於零。

一個善於思考的人，在多方面的表現都能夠展現出充沛的活力和堅韌的意志，同時也特別具有創造力，反應敏捷，懂得用微笑代替發飆。

創造力不只是乍現的靈光，更使是一種開創性的思維，在問題尚且隱晦不明的時候就能掌握事情的本質，找出正確的的應對方式。

懂得發揮創造力進行思考的人，在處理問題上往往有與眾不同的表現，也能夠輕鬆面對各種生活上的難題和挑戰。

哥倫布發現新大陸之後，回到了西班牙，受到各種獎賞與讚譽，當然也惹來了不少嫉妒的目光。

有一次，他受邀參加一個晚宴，宴會上有不少對他的成功眼紅的賓客，私底下對他頗有微詞，認爲他不過是運氣好而已，再說發現美洲也不是什麼困難的事，他們只要動動腦筋也同樣能夠做到。

面對這樣的惡意批評，哥倫布並不辯駁，也沒動怒，只是請僕人送來一個雞蛋，隨即請問在場的賓客誰能使雞蛋直立起來，並且表示誰要做得到，便將獎賞奉送給他。

有些人試了，有些人始終保持觀望，就是沒有人成功將蛋直立起來。

有人開始叫囂哥倫布耍人，並且大吼根本就不可能將蛋直立起來。

但是，哥倫布將蛋拿了過來，把其中一端在桌上輕輕地敲了一下，撞裂的蛋殼硬是直挺挺地立在桌上。

這時，大家又叫：「要是早知道能這樣就太容易了！」

哥倫布帶著笑意對衆人說：「完全正確，只要動動腦筋就可以辦到。」

倘若你認爲一件事不可能做得到，那麼這件事成功的機率必然很小；如果連試都不敢試，那麼成功的機率絕對等於零。

哥倫布要人了嗎？沒有人規定不能怎麼做，也沒有人限制一定要怎麼做，是我們爲自己設了界限，是我們自己選擇了固定的答案。

看起來很困難的事，做起來可能並沒有想像中困難；看起來很複雜的題目，答案可能很簡單。

如果我們在自己的腦子裡搭了一座牢固的框架，我們當然會主動拒絕其他的可能性，古人說難如登天，但是飛機發明了，人類也登上了月球，許多曾經不可能的事，都在科技的發展下變成可能。

不用大腦，當然覺得事事苦惱。改善人際關係和應變能力也是如此，從現在開始，如果你試著動動腦筋，積極踏出第一步，應變方式當然也會開始改變，自然能減少許多窘迫和懊惱！

○用幽默代替沉默的應對智慧○

我們可能永遠都做不對，但是不做就永遠沒有機會。

——張勁燕

遠離阿諛諂媚，人生才有更多機會

遠大的目標是激勵我們不斷前進的恆久動力，保持冷靜的心境才能遠離阿諛諂媚，為自己的人生創造更多機會。

每個人都應該知道自己很難十全十美，不論多麼優秀，總是會有缺點存在。當我們清楚自己的弱點在哪裡，我們就可以督促自己去改進，然而，很多時候，我們是看不見自己的缺點的。

萬一身旁都是一些逢迎拍馬的傢伙，很容易讓我們自我膨脹到無以復加的地步，最後，我們說不定會反被自己的缺點給吞噬而不自知。

面對阿諛，我們要懂得冷靜；面對諂媚，我們要能學會不自滿，因爲唯有鍥而不捨地前進，才能得到眞正的進步，才不會讓缺陷與弱點絆住我們的腳步。

在位二十二年的東德政治領袖瓦爾特．烏布利希曾經對下屬說：「一個空前太平盛世已經出現在地平線上了。」

言談之中，不難聽出他對當時的東德國勢的想法。

他的下屬聽了連忙附和：「太好了！」跟著又忍不住猶疑地問：「可是，空前的太平盛世眞的已經出現在地平線上了嗎？」

烏布利希回答：「毫無疑問！你知道字典裡是怎麼解釋『地平線』這個名詞？地平線是一條想像中的線，一走近它，它就退遠。」

當我們為自己的理想設定一個目標時，我們的努力就有了方向，我們就明白該往哪個方向前進。

眼前的景象，就如同烏布利希對屬下所言，一個空前的太平盛世已經出現在地平線上了。

然而，只有方向和目標是不夠的，我們必須大步向前邁進，如此一來，再遠大的夢想，也能在一次又一次的努力之下，一點一點地逼進目標。

崇高的理想和遠大的抱負在人生當中扮演著強大推動力量，使我們的人格提昇，促使我們奮發前進。

如果同時兼具幽默感，那麼理想和抱負更能擴展我們的視野，開發我們的能力，並喚醒了我們的潛能。

我們會感到有一種全新的力量在血液裡迴旋激盪，有一種蓬勃的熱情在全身上下身洶湧澎湃。

人生是不斷奮戰的過程，那條地平線就在眼前，即便一走近它就退遠，然而只要時時自我鞭策，我們這一路花費的心血絕對不會白費。

當我們耽於現狀，就會失去動力、停下腳步，當我們陶醉於掌聲，成就也就停留在現狀，甚至可能在不察的時候悄悄退步。

遠大的目標是激勵我們不斷前進的恆久動力，保持冷靜的心境才能遠離阿諛諂媚，爲自己的人生創造更多機會。

○用幽默代替沉默的應對智慧○

以前的社會，保持現狀就是落伍；現在的世界，進步比別人慢就是落伍，光跟自己比是不夠的，還要跟別人比。

——王坤復

得意時謙卑，失意時從容

成功者不一定要惡聲惡氣、態度惡劣，反而該釋出善意，讓對方感受到平等尊重。

在爾虞我詐的政治舞台上，沒有永遠的敵人，更沒有永遠的朋友，因此，政治人物特別需要幽默的談吐及機巧的反應，才能在詭譎多變的政治局勢裡應付自如，進而佔有舉足輕重的地位。

十年河西、十年河東，勝負沒有常理，時勢也沒有定律，每個人都可能成爲贏家，也可能會面臨失敗；有沒有政治家的風度與氣度，攸關一個政治人物在歷史上所能得到的評價。

一次大戰結束，法國外交部長白里安致力於維護世界和平，四方奔走。

他與美國國務卿凱格簽定了凱格—白里安公約，彼此約定保證兩國除了自衛之外，絕不以戰爭解決國際紛爭，此項協議在一九二八年共有六十五個國家聯合簽訂附議。

白里安更於一九二六年九月與戰敗國德國代表斯特萊思曼共同商討賠款事宜，由於談判過程順利，兩人共同獲得該年的諾貝爾和平獎。

會談過程中，兩人爲了避開外界無謂的干擾，以便更妥善地處理戰後賠款相關事宜，特地選擇在法國一個鄉下農莊飯店進行會晤。

有一天午餐時刻，兩人一同愉快用餐之後，彼此竟爲了由誰付帳一事爭執起來。兩人互不相讓，都客氣地想請對方吃飯，爭相結帳。後來，白里安笑著站了起來說：「咱們別爭了，就由我來付飯錢，你來賠款吧！」

誰說成功者就一定能予取予求？誰說失敗者就一定要捨棄自尊？把心放寬，把眼光放遠，我們就會在得意時懂得謙卑，而在失意時表現從容。

白里安和斯特萊思曼雖分別代表戰勝國與戰敗國，卻沒有成王敗寇、針鋒相對的決裂態度，而是坦然面對問題，解決紛爭。

德國戰敗是事實，各國要求賠款負責也是事實，白里安身負談判重責大任，卻不意味他一定要惡聲惡氣、態度惡劣。

他以幽默的態度，讓斯特萊思曼感受到平等談判的尊重，這樣的做法無疑是令整個談判過程順利的主要推手。

至於戰敗國代表斯特萊思曼則從容地把持住國家的尊嚴，沒有求饒，沒有降格以求，而是以談笑風生的態度，爲國家爭取最好的條件。

兩人都是一流的政治家，他們所看到的不只是問題的本身，更深入觸及問題背後可能引發的影響，以最平和的方式來解決問題。如此的好風度正是他們深得後人推崇與景仰的主因。

◎用幽默代替沉默的應對智慧◎

要這樣生活，使你的朋友不致成為仇人，卻使你的仇人成為朋友。

——畢達哥拉斯

生活放輕鬆，輕鬆過生活

適時地開個無傷大雅的玩笑，不只讓場面輕鬆活絡了起來，也省去不少衝突和尷尬。

一句話就可以製造出生活中的種種驚奇與欣喜，這就是幽默的力量。

現代人的生活多半過於緊張，偶爾開個無傷大雅的玩笑，說句逗人開心的俏皮話，不只可以調劑過於緊繃的生活壓力，也可以增進人與人之間的情誼，拉近人與人之間的距離。

生活也可以過得很輕鬆，只要你眞正懂得生活。

十九世紀末法國第三共和的總理亞蒙．法利埃有一天來到雕塑大師羅丹的工作室參觀。

他一進門就看到滿屋子的半成品，有的塑像只有頭部，有的只有一隻手或一隻腳，或是只有身體軀幹部位，各式各樣未完成的作品就這麼零亂地散落在整個工作室裡，幾乎連站的地方都沒有。

法利埃看了，忍不住打趣地說：「天啊，這些人走路實在太不小心了！」

羅丹是一個對於自己的工作十分專注的人，一旦投入工作之中，就不太在乎外界發生了什麼事，整理工作室等等瑣事當然就是枝微末節、不足一顧的小事了。法利埃卻懂得利用輕鬆的生活態度來延續工作的熱情，圓融人際間的關係，說明他是一個充滿幽默感的政治人物。

他在羅丹工作的時間來打擾，羅丹肯定不會給他什麼好臉色，但是他適時地利用現場開了個無傷大雅的玩笑，在彼此會心一笑的同時，不只讓場面輕鬆活絡了起來，也省去不少衝突和尷尬。

幽默的語言，往往可以達到意想不到的效果，而且從生活中隨處取材，玩笑就可以開得有趣又引人注意，大家在會心一笑的時候，不但氣氛變得融洽，還可以讓幽默的力量相乘，激出更燦爛的火光。

嚴肅地看待工作，輕鬆地面對生活，比例拿捏得好，日子就少了許多煩惱。從今天起，讓生活鬆一下吧！

◦用幽默代替沉默的應對智慧◦

我們的頭腦需要放鬆，如果我們不在工作中揉進點兒樂趣，大腦就會垮掉。

——莫里哀

用幽默來軟化對方的情緒

幽默只要運用得當，常常就像個保護傘，讓我們在不著痕跡地，輕鬆化解怒火與怨氣。

關於用幽默代替沉默的應對智慧，藝術家博列夫曾經說過一句話：「幽默是善意、溫和的嘲笑，然又並非毫不帶刺。」

這句話清楚地說明了幽默的本質。

幽默，本身就帶有一點點嘲弄，一點點諷刺，一點點顛覆和一點點反抗，然而卻不致於無禮，也不致於過度傷人。

能夠巧妙地運用幽默，往往像是在袖底藏了一件秘密武器，可以伺機行動，無論何時何地都不怕落人下風。

古希臘寓言作家伊索是一個言語機智、腦袋聰明的人，雖然身為奴隸，社會地位不高，但是他的聰敏和智慧，卻令許多地位高於他的人望塵莫及。

有一天，迎面來了一名衣著華麗的路人，在他面前停下來向他問路。

路人的態度頗為輕佻，斜睨著眼，問伊索說：「喂！我問你！我到城裡去要走多久？」

伊索回答：「你走啊。」

那個人見伊索的回答沒頭沒腦，心裡有點不高興，不過為了問路，只好耐著性子說：「我是得走，我也會走，不過可以請你告訴我，走到城裡到底需要多少時間嗎？」

想不到，伊索還是說：「你走啊，快走啊！」

路人聽了非常生氣，認為伊索實在太可惡了，便氣憤地轉身走開。他剛走沒多久，就聽見伊索的聲音從背後傳來：「兩個小時……」

那人聽見了，便停下腳步，接著又走回伊索身邊，納悶地問：「為什麼你剛才不肯回答我？」

伊索不慌不忙地回答：「剛才我還不知道你走路的速度是快還是慢，又怎麼知道你需要花多久的時間才能走到城裡？」

仔細想想，伊索所說的一點也沒錯。初看這個故事時，心想這位路人的態度過於高張，活該被伊索惡整，伊索無端被無理對待，出手防衛似乎也是理所當然，但是衝動行事恐怕會讓地位低下的伊索吃上悶虧。

想不到，伊索的表現卻讓人抓不出一點破綻，即使他真的有心惡整那名路人，那人也拿他沒有辦法，只能認虧被消遣。

幽默的語氣加上無可辯駁的事實，不只讓伊索好好地出了一口悶氣，又免於紛爭衝突的產生，確實是一項效果驚人的言語利器。幽默只要運用得當，既可以保護自己，又能夠不傷他人。

回想我們曾經說過的話，也許會發現，自己在用語和語氣上，有許多可以檢討的空間。命令式的語氣和口吻，聽起來總是特別刺耳，所謂說者無意、聽者有心，有時候多點留心，就可以減少對方不快的情緒，少了衝突的媒介，衝突也就得以預防與化解。

幽默，常常就像個保護傘，讓我們在不著痕跡地，輕鬆化解怒火與怨氣。

◦用幽默代替沉默的應對智慧◦

愉快的人格，是成功的靈魂。

——馬西斯

以問題來回敬問題

以幽默的話語來抵擋來路不明的敵意，見招拆招，既顯現了卓越超群的智慧，又展示了臨危不亂的氣度。

這個世界上什麼樣的人都有，偏偏你就是遇上了一些找你麻煩的人，他們的問題總是讓你感到很頭痛，他們的議論總是讓你覺得心煩氣亂。

如果他們的身分地位和你無干，你還能夠眼不見爲淨、耳不聽爲清；若是他們正好是你的衣食父母時，你的答案可就得多想想再說出口了。

美國科學家富蘭克林，也是避雷針的發明者，有一次他舉辦了一場說明會，

邀請與會貴賓一起參觀他的新發明。

看完了，許多人嘖嘖稱奇，當然也有人有看沒有懂，就有一位闊太太大嗓門地問：「可是，這個東西到底有什麼用呢？」

富蘭克林聽到了，只好堆著笑臉回答說：「夫人啊，您說剛剛生出來的嬰兒又有什麼用呢？」

話一說完，現場一陣哄堂大笑，那位夫人聽了，連忙搖著扇，跟著乾笑了幾聲，沒再多問了。

我們知道，遇到不明瞭的問題懂得適時發問，是一件美德，但是未經思考、不看場合的胡亂發問，徒然表現出一個人的無知與無禮。

故事中那位夫人的提問，求知的意味遠遠不及於挑釁，目的顯然在讓富蘭克林臉上無光，而非求學好問。

見過大風大浪的富蘭克林當然也不是省油的燈，縱使心裡百般不悅，臉上依舊保持得體的表情，以問題來回敬問題，讓那位夫人知難而退，既表現了風度，又達到了目的。

明槍易躲，暗箭難防，何不以幽默的話語來抵擋來路不明的敵意？以招制招，見招拆招，既顯現了卓越超群的智慧，又展示了臨危不亂的氣度，唯有如此氣魄，才能在人際互動之時立於不敗之地。

用幽默代替沉默的應對智慧

言語須是含蓄而有餘意。

——程顥、程頤

幽默的言語能化解尷尬危機

生活不見得能夠事事皆順心，但是能夠以輕鬆和歡樂的態度來面對，日子就能過得快樂一點了。

人際關係把握得好的人，做起事來往往能夠左右逢源、無後顧之憂，更可收得更大的效益，由此可見人際關係對於一個人的成功有多大的影響力了。

幽默正是人際交往最好的催化劑，將交際時的氣氛炒熱，善用幽默，便能在輕鬆、活潑的氛圍中，使得彼此放鬆防備，也更容易交心。

第二次世界大戰爆發之後，荷蘭戰爭失利，國土遭德軍侵占，總理德克．

基爾不得不成立流亡政府，向英美等友邦求援。

基爾總理的英文不太靈光，加上流亡在外的慘痛經驗尚未平復，第一次會晤英國首相邱吉爾時，不曉得是否精神不濟還是太過緊張，只見他伸出手向邱吉爾示好，沒想到一開口就是一句：「再見。」

在場的人幾乎傻眼，還好邱吉爾夠冷靜，不慌不忙地回答：「基爾先生，你知道嗎？我真希望所有的政治會議都能這樣簡短扼要。」

當我們懂得把幽默轉化成力量，讓原本圍繞在我們四周的緊張、焦慮與困

擾，一點一點地瓦解，不只能讓自己更充分地運用局勢，也在為人解圍的行動中獲得更多的支持。

邱吉爾便是這樣一位能將幽默運用到極致的政治家，他一次又一次運用幽默和機智處理危機之時，也為他的政治生涯注入生機和活力。

笑，不只代表愉悅、代表認同，也代表服氣。歷史上不乏例證顯示，善於運用幽默智慧的政治家特別能取得事業上的成功，能夠引出別人的笑，就能夠利用笑聲為自己營造一道道登上青天的階梯。

生活不見得能夠事事皆順心，但是能夠以輕鬆和歡樂的態度來面對，日子就能過得開心一點，快樂一點了。

。用幽默代替沉默的應對智慧。

對友誼來說，笑不是一個壞的開頭，而是最佳的結尾。

——王爾德

試著從幽默的角度切入

繞到另一個角度來看事情，要有自己的想法，要能獨立的思考，如此我們才能做出最公正且客觀的評論。

德國哲學家尼采因爲對女性充滿仇視，因而一生都不願與女人接觸，他曾經提出這樣一個想法：「男人應該接受戰爭訓練，女人則應該接受這些戰士們的訓練。」此外，他還提出這麼一個說法：「你準備到女人那裡嗎？別忘了帶著你的鞭子去啊！」

不過，如此極端的想法自然有人要提出反駁了。當時對尼采十分感冒的英國著名哲學家羅素，便對尼采的哲學思想頗爲不滿，還曾公開挖苦他說：「十個女人之中，至少有九個女人會讓他把鞭子丟掉，正因爲他明白這一點，所以才急著避開女人。」

想想兩個著名的哲學家爲了「女人」爭執不下的情況，你是否不覺莞爾？

事實上，當羅素從另一個幽默角度切入時，與其說是挖苦尼采，不如說是有意要爲尼采爭取同情的，就羅素的角度來看，也許尼采一生不願碰觸女人，是有著什麼樣不爲人知的苦楚吧！

他嘲諷尼采，正是因爲逃不開女人，所以對女人充滿恐懼與厭惡之心，在這個幽默風趣的嘲諷中，反而沖淡了尼采那偏激又可怖形象，不是嗎？

這就是羅素的思考特色。

有一天，羅素在花園深思時，有朋友們來訪，一走進門，便看見羅素正雙眼凝視著屋外的花園，似乎正陷入沉思之中。

一位朋友忍不住好奇地問他：「你在想什麼？」

羅素這麼回答：「每當我和任何一位科學家談話之後，我會肯定自己此生已經沒有幸福和希望了；但是，每當我和我的花園談天之後，我卻深信人生充滿了陽光與希望。」

說到最後一個字時，羅素的眼底似乎也閃著光芒。

羅素便是在這樣不斷的反省中尋找答案，他沒有尼采的固執偏頗，不會凡事總往極端想，因而能擁有更寬廣的生活視野，並找到樂觀的人生方向。

不論你認不認同尼采帶有大男人主義的說法，我們都應該跟著羅素的思維再想一想，繞到另一個角度來看事情，無論是認同還是鄙視，羅素只想提醒我們：「聽人言論，不該一味地吸收接受，我們要有自己的想法，要能獨立的思考，如此我們才能做出最公正且客觀的評論。」

PART 6

用幽默的話語
表達自己的誠意

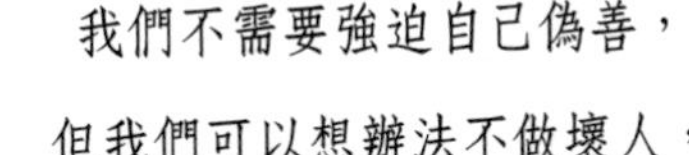

我們不需要強迫自己偽善，

但我們可以想辦法不做壞人，

在能力範圍內予人方便，幫人一把。

用幽默的話語表達自己的誠意

我們不需要強迫自己偽善，但我們可以想辦法不做壞人，在能力範圍內予人方便，幫人一把。

甜言蜜語，雖然頗爲空泛，可能也沒有什麼營養，但是就像糖蜜一樣，大部分的人都喜歡，對每個人來說也是不可或缺的事物。

說好話，可以幫助你融合人際關係之間的落差，可以幫助你連結人與人之間的距離；話說得好，有時候不只能幫助你登上青雲，甚至能獲利良多。

當然，得人好處之後，更不可忘記要誠懇地表達自己的謝意，吃人嘴軟，好話可千萬別忘了說，更要說得幽默，讓人聽了甜蜜、開心。

十八世紀一位頗爲著名的英國詩人理查德．薩維奇，也是知名的諷刺作家，據說他有一度在倫敦過著窮困潦倒的生活，不只飢寒交迫，連飯都吃不飽，還生病了。病得重的時候，幾乎要蒙主寵召，幸而診治醫生高明的醫術才得以救回一命，漸漸康復。

病是治好了，可是錢就是付不出來，醫生幾次派人送來催討診費的帳單，薩維奇都一拖再拖，就是付不出錢來。

到後來，醫生實在急了，也顧不得禮貌，直接衝到他家裡來，大吼：「你要知道，你欠了我一條命，我希

望你能有所報答！」

但是薩維奇身上根本一毛錢也沒有，怎麼付這筆費用呢？

於是，他對醫生說：「是的，我欠了你一條命，爲了證明我對你的細心診治不是無所報答，我願將我的一生奉獻給你。」

後來，醫生離開薩維奇住處之時，手上多了兩卷書冊，書名爲《理查德．薩維奇的一生》。

醫生本來就不是硬心腸之人，否則不會秉持著醫者的仁心仁術爲薩維奇醫治，肯定是在金錢上也同樣面臨了困境才會一再向薩維奇催討。

只是，到了最後，這位醫生縱使心中百般不情願，對於薩維奇誠意的致謝大概也只能苦笑著收下了。因爲，就算當場把薩維奇掐死，也拿不回半毛錢，倒不如做個順水人情，就當爲自己積福吧！

人，當然不能活在現實之外，沒有多少人能夠在自己快餓死的情況下把手裡的麵包放到別人嘴裡，但是，也沒有多少人會在別人飢寒交迫的時候，把對方身上的禦寒之物奪走。我們不需要強迫自己偽善，但我們可以想辦法不做壞人，在能力範圍內予人方便，幫人一把。

今天我們付出，誰知道明天我們會不會得到回報，但是在當下，我們能夠體會到分享的快樂，不必面對剝奪的罪惡感與愧疚感，能夠如此也就足夠了。今天我們受惠，誰知道未來我們有沒有機會回報，但是在當下，我們誠心誠意地致謝，未來想盡辦法回饋，能夠如此也就足夠了。

你可以不用刻意當好人，但是沒有必要逼自己做壞人。

○用幽默代替沉默的應對智慧○

你助人，然後人人助你，這是鄰里之間互愛的原則。

——尼采

請求，千萬不能強人所難

想要請求成功，首先得要投其所好加上態度誠懇，得到對方好感之後彼此的距離拉近了，也比較好說話。

我們每一個人都無法全知全能，總是會有力有未逮的時候，這種時候難免需要別人的幫忙。

開口求助並不是一件丟臉的事，自己不擅長處理的，若可以交由擅長的人來處理，豈不是兩全其美？

然而，開了口卻沒有辦法獲得協助，則是一件令人沮喪的事。想要不讓對方二話不說一口拒絕，或許你得重新檢視一下請求的做法與態度。

有些人對於拒絕不太拿手，很難說「不」，這種人你只要放軟身段、夠有耐心，通常就能夠獲得幫忙。有些人則相反，他們習慣拒絕、討厭麻煩，所以你勢必得多花點心思。

最重要的關鍵是，千萬不要讓對方感受到你是在「強人所難」，否則你大概會得到一百次拒絕。

海明威在美國居住的時候，剛好遇上州長選舉。有一名候選人聽聞海明威的聲望，想請海明威幫忙背書，利用他的名氣拉抬聲勢，於是立刻登門拜訪。

海明威聽了他的來由後，答應第二天派人把助選的文章送去。

果然，第二天一清早他就收到海明威送來的

一封信，高興地拆開來一看，竟是海明威的妻子以前寫的情書。

他看了嚇一跳，還以爲是海明威匆忙之中弄錯了，連忙派人將原件退回，並再寫了一張便條請海明威幫忙。

沒過多久，信差便帶著海明威的第二封信回來了。他趕緊拆開一看，這次竟然是一張遺囑。

這他可不懂了，外套一穿，決定親自跑一趟，找海明威問一問究竟。

海明威不置可否地聳聳肩說：「我家裡除了情書以外，就只剩下遺囑了。你叫我還能拿什麼東西給你呢？」

他聽了，也知道海明威無意幫忙，只好摸摸鼻子走了。

從這個故事裡，人人都能明瞭海明威如何擅長拒絕了吧！他以欲拒還迎的態度讓人摸不著頭緒，繞來繞去到最後才明白自己是被耍了。當然，這名候選人若不是過於遲鈍就是臉皮太厚，否則也不會在第一次收到海明威妻子情書時還不明瞭海明威的拒絕，最後灰頭土臉也只能自認不夠聰明。

想要請求成功，首先得要投其所好加上態度誠懇，得到對方好感之後彼此的距離拉近了，也比較好說話。再來就是千萬不可以躁進，一旦對方感受到被施壓或強迫的感覺，就會產生反感，這一趟請求行動多半也是徒勞無功。

還有一個小技巧是從對方的需求下手，營造出一種利益交換的合作氛圍，也能夠放鬆對方的防備之心。當然，如果你的請求成功了，最好懂得知恩圖報，否則就自絕未來之路了。

○用幽默代替沉默的應對智慧○

很少有東西是不能通過勤奮和技藝獲得的。

——塞繆爾．約翰遜

主動爭取你要的幸福

能夠被愛是幸福的，能夠愛人也是幸福的，重要的是，能不能積極且主動的為自己營造幸福的環境。

每個人都渴望擁有幸福，每個人也都在追求幸福。到底幸福在哪裡？到底幸福是什麼模樣？到底怎麼樣我才能擁有幸福？

這看起來是一道很困難的題目，因爲每個人對幸福的感受都不相同，每一個人對幸福的渴望也不一樣，每個人對幸福的期許也不盡全然相似，那麼究竟怎麼樣才算是幸福呢？

答案其實很簡單，幸福的模樣就在你我的心裡，想要得到幸福就要主動去爭取、去追求，當你在心裡感受到的是快樂、是美好，這個時候，幸福就已經住進了你的心底。

有一位名叫馬克．韋恩．克拉克的美國將軍曾經被人問到這樣一個問題。

「請問，在別人對你提出的忠告當中，你覺得哪一個是對你最有益的？」

克拉克想了想，回答說：「我所得到的忠告裡，最有益的一句是：和這位姑娘結婚吧！」

「喔？那是誰提出來的呢？」那人又問。

「正是那位姑娘自己。」克拉克面帶笑容地說。

好一個勇敢追求幸福的姑娘！喜歡一個人，能夠勇敢地說出來，是很值得鼓勵

的行動，是很健康的，不必感到不好意思。一個人能夠知道自己是被人喜愛的，也應該是一件值得高興的事，應該坦然接受。像故事中克拉克和他的妻子能夠結爲連理，便是一個快樂且幸福的結局。

當然，喜歡和愛是不同的，喜歡可以單方面的喜歡，但愛情卻要兩顆心的互許，才能相愛。萬一，我們喜歡的人不愛我們，該怎麼辦呢？

不怎麼辦，你還是可以繼續喜歡對方，祝福對方找尋到眞心所愛，當對方感受到喜悅與快樂的時候，你的心裡應該也是快樂的。

如果只因爲對方無法喜歡自己就將愛意轉爲恨意，甚至心生報復或強迫，那麼這種喜歡和愛未免過於淺薄。

威廉．邁克必斯．撒加利曾經說過：「愛人而得其人之愛，是最幸福的；愛人而不得其人之愛，是其次的幸福。」

能夠被愛是幸福的，能夠愛人也是幸福的，重要的是，能不能積極且主動爲自己營造幸福的環境。

如果，這份愛意和喜歡永遠放在心底當成秘密能夠令你感到幸福，那麼你大可永遠不說；如果愛情的苦惱在你心裡來來回回，令你輾轉反側，那麼何不大膽說出來，是好是壞也有個結果。

你可以決定自己的幸福，只要你先決定自己的心意，決定自己的做法。

○用幽默代替沉默的應對智慧○

如果我們沒有創造幸福生活，我們就沒有任何權利享受幸福；這正和沒有創造財富無權享受財富一樣。

——蕭伯納

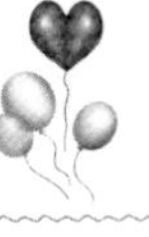

苦笑總比生氣好

沒有人永遠都能一帆風順，也沒有誰非得長久吃癟，現在或許烏雲罩頂，但只要忍個幾天，早晚都會雲淡風輕。

每天的生活裡，討厭的人事物很多，會讓你生氣的事情可能也不少，但是，你眞的想讓怒氣主宰你的生命嗎？

人哪有不生氣的，遇到令人憤恨難平的事，怎麼能不宣洩情緒呢？然而，排解情緒的方法有許多種，爲什麼一定要執著在生氣這個項目上？

眞的不顧一切地宣洩完了情緒就能解決問題嗎？是不是再氣也得從頭來把事情處理好呢？

如果是的話，那麼剛剛那場氣會不會白生了？萬一不小心波及旁人衍生事端，該找誰來賠呢？

自我解嘲是一種自我平復的手法，目的就是在於幫助自己逃離那些不滿的情緒；當然，更積極的做法就是想辦法重新出擊囉！

據說，十八世紀英國植物學家約翰．希爾，因爲多次未能被批准加入英國皇家學會而耿耿於懷。

有一次，他特地從樸資茅斯寄了一封信到皇家學會，在信裡面提到一則神奇的病例，他說，有一名水手從桅杆上摔了下來，跌斷了一條腿，醫生接合後以繃帶紮牢，再冷浸焦油，想不到效果出奇地好，不到三天，那條腿就恢復如初了。

這則病例果然引起皇家學會成員的熱烈討論，有人說焦油不能治療斷腿，有人卻說這說不定是新式療法，應該實驗觀察。

一時間，學會裡議論不休，紛紛擾擾。

過了幾天，皇家學會又收到一封約翰．希爾的來信，大家立刻拆開來閱讀，讀完每個人都傻眼了，因爲希爾在信上寫道：「很抱歉，上封信裡忘了說明一件重要事項，就是那條斷腿是木頭做的。」

不知道當時英國皇家學會的成員，有多少人能夠坦然接受約翰．希爾的玩笑。但是，這件事對約翰．希爾來說顯然是重要的，他可以由此證明自己並非不及這些學會成員，也多少可以排遣未能入會的遺憾和沮喪。

而英國皇家學會也更應該檢討一下入會規定是否有所缺失，才會讓有些有能力的人不得其門而入。否則，現在光是一則胡亂編造的案例就被整得灰頭土臉，未來說不定還會有更加落人笑柄的難堪出現。

試著用微笑代替發飆！沒有人永遠都能一帆風順，也沒有誰非得長久吃癟，現在或許烏雲罩頂，但只要忍個幾天，早晚都會雲淡風輕，生氣毫無幫助又勞心傷身，何苦來哉？

想快樂，就得快樂；想幸福，就能幸福；生氣只會把福氣吹散，憂愁只會讓愁雲不走；找件事來做，情緒自然會過去，就算是苦笑也比生氣來得好。

○用幽默代替沉默的應對智慧○

如果睡不著就起來做點事，不要躺在那裡憂慮不已。傷人身心的是憂慮，不是失眠。

——戴爾．卡內基

簡化生活，把時間多留給自己

我們可以不用想那麼多，用一步可以到達的地方就不要繞上三圈才到，用一刻鐘可以完成的事就別拖上三小時。

生活裡總有許多不得不為的瑣事來瓜分我們每一天的時間，為了完成這些事情，我們不得不停下手邊的工作，花時間來進行，看著時間漸漸地流逝，我們越來越心焦、越來越心急，也越來越不耐煩。

那麼，為什麼不能排除這些瑣事呢？

也許，我們可以更有效率來完成，把事情的流程加以簡化，保留下更多的時間和空間給自己。

英國著名的生物學家法蘭西斯．克里克，自從他的研究受到重視之後，名聲也漸漸響亮。聲名大噪的後果就是每天開始有大量的賓客來訪，還有回不完的信件。如果不接待訪客未免過於失禮，而面對層出不窮的來函請求，不回信件也會惹來麻煩，於是他苦思出一個方法。

他設計了一份「萬能回信」格式，請人爲他大量印製。在信上，他寫道：「克里克博士對您的來函表示感謝，但是很遺憾的是他無法應您的盛情邀約而爲您簽名、恭赴盛宴、發表演說、參加會議、贈送相片、充當證人、擔任主席、爲您治病、幫您效勞、充當編輯、接受採訪、閱讀文稿、寫書、上廣播節目、簡報、接受榮譽、參加電視節目……」

無論對方的來信提出什麼樣的要求，他就把應對的欄位圈畫起來寄出，以簡單的方式表示答覆。

很快地，他就把自己從疲於應付的困境中解放出來了。

同樣的事情，重複做上一千次、一萬次，叫人如何不心煩，所以克里克想出這等公文回覆式的信函，確實是一種省時省力的好設計。

當然，乍看之下這樣的回函似乎有失誠意，不夠禮數，但是對於一件本來就想拒絕的事情，省去客套似乎合情合理。

更何況，克里克本來可能每天得花上好幾個小時來回覆信函，有了這項設計，立刻省了許多工夫，好讓他可以把多餘的時間拿來完成自己的研究，生活的感受當然有所不同。

其實，我們對生活有過多的擔憂，我們太擔心我們沒有事必躬親，事情就會無法順利進行；太擔心我們沒有時時緊盯，下一秒就會發生危機；太擔心沒有面面俱到，問題就會突然來到；往往我們的擔心只是過度的擔心，讓自己的日子變得緊繃，生活變得焦慮。

眞的，我們可以不用想那麼多，用一步可以到達的地方就不要繞上三圈才到，用一刻鐘可以完成的事就別拖上三小時，用金錢或其他事物可以替代的瑣碎工作，就別堅持要親自動手。

如此一來，你將不只發現自己的時間變多了，生活也變得輕鬆了。

○用幽默代替沉默的應對智慧○

憂慮奪不去明日的憂愁，只磨蝕了今天的力量。

——克羅寧

囂張，是對自己的貧乏無知

對自己有自信是一件好事，明白自己的能力限制也是件好事，但對於自我過度膨脹或是畫地自限，顯然就對自己沒什麼好處了。

樹大容易招風，容易惹來嫉妒，也容易招來是非；如果這株大樹是一棵空心的樹，風一來，恐怕只是輕輕吹一下就倒了。

所以，想要成爲一株參天大樹，首先就得往下紮根，好好地站穩，好好地吸收養分，好好地奠定自己的根基，開枝散葉、林蔭蔽天的日子總會到來。

反過來，如果一味攀高卻沒有抓緊根下的土石，那麼，這棵樹無論如何是禁不起任何風雨的考驗的。

有一天，愛爾蘭劇作家蕭伯納受邀參加一個晚宴。在晚宴席間有一位青年不知是有心還是無意，就在這位大文豪面前滔滔不絕地吹噓自己的天才，好像天南海北樣樣通曉，大有不可一世的氣概。

起初，蕭伯納還保持禮貌緘口不言，洗耳恭聽。後來，愈聽愈覺得不是滋味，也愈來愈不耐煩。

最後，他終於忍不住了，便開口說道：「年輕的朋友，只要我們兩人聯合起來，相信世界上的事情就無一不曉了。」

那人聽了驚愕地說：「未必如此吧！」

蕭伯納回答：「怎麼不是？聽聽你剛才的話，是這樣的精通世間萬物，只不過，你尚有一點欠缺，就是不知道誇誇其談反而會使豐盛的佳餚變得淡而無味，至於我則剛好明瞭這一點，你說，咱倆合起來，豈不是無一不曉了嗎？」

毫無疑問的，這名青年當場被蕭伯納修理得面上無光，覺得羞愧難當。

中國當代作家王蒙曾說：「幽默是一種酸、甜、苦、鹹、辣混合的味道。嚐起來似乎沒有痛苦和狂歡強烈，但應該比痛苦狂歡還耐嚼。」

越是幽默、不經意的評論，聽來越是辛辣。

對自己有自信是一件好事，明白自己的能力限制也是件好事，但是對於自我過度膨脹或是畫地自限，顯然就對自己沒什麼好處了。

前者的氣焰過於囂張，不只得小心背後暗箭，更免不了被人夾槍帶棍地譏刺；至於後者，還沒開始努力就認定自己做不到，成功之路尚在遙遠之處。

像故事中的那名青年的遭遇，蕭伯納只是在口頭上教訓對方，已經算是客氣了，要是他繼續行徑囂張，還不知要爲自己惹來什麼麻煩。

有人說，過分的志得意滿實際上是一種無知，這種「自我感覺良好」雖然能給予人一種莫名的成就感，讓人得以逞得一時之快，但是實際上這樣的作爲不只自損聲名，更因爲眼界狹小而滿足於自己的平庸。

沒有自知之明的人，就像是蒙上眼睛看世界，既看不見前方的危險，也避不開腳下的危機。

○用幽默代替沉默的應對智慧○

如果你是聰明，你會知道自己無知；如果你不認識自己，你便是愚昧。

——路德

追求理想是每個人的權利

每一個人都有做夢的權利，每一個人也都有追尋夢想的權利，在個人夢想的領域裡，他人絕沒有置喙的餘地。

英國作家哈代曾經寫道：「人生裡有價值的事情並不是人生的美麗，而是用幽默的心情去看透人生的酸苦。」

其實，幽默是一種酸甜苦辣的混合味道，它的味道似乎沒有痛苦和狂歡的強烈，但卻比痛苦和狂歡還耐咀嚼。

因此，我們必須時時刻刻提醒自己，不管身處什麼環境，不管面對什麼惡言惡語，都要用歡樂和幽默的心情去面對世界，唯有如此，我們才不會迷失方向，人生才會顯出眞正的意義。

愛因斯坦曾說：「有不少人，他們不追求物質的東西，他們追求理想和真理，得到了內心的自由和安寧。」

他的言下之意就是再多的物質享受，也比不上心靈的滿足。

一個堅持追求理想的人，不會被現實的困頓所干擾，不會被沿途的流言所中傷，永遠踩著沉穩執著的腳步，直到登上頂峰。

十九世紀德國物理學家基爾霍夫曾經舉辦過一場講座，對在場的聽眾說明他的發現：從太陽光譜上所看到的黑線，證明太陽上面有金質的存在。

「太陽上有金子」這個發現當然引起許多人的興趣，但是其中有一位前來聽講的銀行家卻忍不住譏笑基爾霍夫說：「太陽上有金子是不錯，但是如果不能拿到手，這樣的金子又有什麼用處！」

基爾霍夫當場隱忍不發，只是感謝對方指教。後來，基爾霍夫因為這項光譜的分析而獲得了金質獎章，他便找個了機會將獎章展示給那位銀行家看，並且說：「你瞧，我終於還是從太陽上得到金子了。」

在我們往目標前行的道路上，我們不知道會遇上什麼樣的困難，不知道會遇見什麼樣的人，不知道會得到什麼樣的評論。

只是，對方的忠告，我們傾聽而後放在心底；對方的譏笑，我們依舊傾聽，然後拋諸腦後。

最重要的是腳下的步伐別鬆懈，維持自己的步調，朝著目標不斷接近，不管多遠，總會有到達的時候。

故事中，銀行家的短視近利，使他縱使在物質生活上可能好過基爾霍夫，心靈層次卻遠遠不及。

我們不能評論別人的夢想，因爲我們永遠不會了解那份夢想對對方的意義爲何；就像我們可能也說不出自己執著的夢想對世界有什麼用處，但是達到那份理想對自己來說卻是一種完成，是我們對自己的負責，一種自出生以來至爲重要的使命，唯有努力執行才能令心靈感到滿足。

每一個人都有做夢的權利，每一個人也都有追尋夢想的權利，在個人夢想的領域裡，他人絕沒有置喙的餘地。

○用幽默代替沉默的應對智慧○

只要堅定不移地向著目標前進，就一定會達到目的。

——列夫．托爾斯泰

找出激勵自己的生活動力

激勵生活的目標並不難找，勉勵自己努力達成這個目標，如此一來，自然就時時都有努力奮鬥的動力了。

英國喜劇演員愛德華．舒特的妻子在洗衣服時，發現丈夫的襪子竟破了一個大洞。只見她怒氣沖沖地拿起襪子，對著先生罵說：「你怎麼不早點說呢？小洞我還比較好縫補，現在這個破洞已經變得這麼大了，很難補啊！」

沒想到舒特卻這麼回答：「妳知道嗎？就算有二十個破洞，我也不希望妳動手將它補好，對我來說，這破洞不過是某一天我出了點意外，不小心將它弄破的，可是一旦出現了縫補的痕跡，便代表著貧窮的日子即將來到啊！」

這或者正是舒特用來激勵自己的方式，因爲不願意認命，也因爲他對未來一直懷抱著希望，更相信自己定有擺脫貧窮的能力，所以他要自己忘記眼前破落的窘況。

換個角度說，每個人都一定會有個激勵自己的方式或目標，或許對你來說，縫補襪子的動作代表惜物、感恩，與鬥志無關，但是對舒特來說，那卻是提醒他脫離「貧困」的叮嚀：「不想穿破襪子、不想沒襪子穿，那麼你就要更加努力，以突破眼前的困境！」

了解舒特勉勵自己的方式後，你是否也忍不住思考著：「那麼推動我向前邁進的動機和動力是什麼呢？」

在你思考的時候，我們再來看看賦予布拉姆斯生活動力的目標是什麼。

常有人說藝術家是自我又孤僻的，但這一點肯定不屬於布拉姆斯，出身窮困的他，因爲父母親將擺脫貧困的希望全寄託在他身上，因而孝順的他爲了幫助家計，幾乎將辛苦賺得的錢全都交給了父母。

但布拉姆斯賺來的錢畢竟僅是杯水車薪，再加上家人們不善理財，花錢始終不懂得用在刀口上，以致於家境時常處在入不敷出的窘況。

有一天，布拉姆斯要到外地演出，恐怕要好一段時間才能回來，於是特地對父親說：「要是您遇到不順心的事，我相信音樂會是最好的慰藉，所以，如果眞有這樣的情況，您不妨翻翻我那本《索爾鋼琴練習曲》，相信您的煩惱很快就會消失了。」

沒什麼音樂天分的父親根本聽不懂兒子的話，因而也未當一回事。然而，過沒幾天，他手頭就又拮据了，這會兒忽然想起兒子的話，只好去找出那本練習曲，看能得到什麼樣的安慰，怎料當他一翻開書頁時，竟發現裡頭夾了好幾張可解他燃眉之急的鈔票。

和舒特一樣，貧困的環境也是激勵布拉姆斯「要讓生活變得更好」的誘因，此外，布拉姆斯的另一個動力來源是他的家人，因爲對家人的依戀與關懷，他對怠惰的家人沒有半點怨言，仍然拼了命地賺錢供養家庭。

從以上這兩個例子可以了解，貧困的生活不見得會磨損我們的鬥志，有時反而會成爲勉勵我們努力前進的目標。

事實上，激勵生活的目標並不難找，看看你的生活周遭，看看什麼東西最吸引你，然後積極勉勵自己努力達成這個目標，如此一來，自然就時時都有努力奮鬥的動力了。

懂得取捨，才是最好的選擇

無論是愛情還是人生，人們經常在捨或不捨之間掙扎，但不管結果如何，最後仍然得由自己決定，並努力做出不讓自己後悔的選擇。

曾有三個學生同時向蘇格拉底請教：「要怎樣才能找到理想的伴侶呢？」

蘇格拉底並未回答，卻要他們走向麥田且只許前進不准回頭，然後，他也只給他們一次機會，要他們去挑出麥田中長得最大最漂亮的一根麥穗。

第一個學生走沒幾步便看見一支又大又漂亮的麥穗，於是他高興地摘了下來。他看似找到了目標，但事實上就在他繼續前進時，卻發現前面還有更比他摘下的那根更大的麥穗，但每個人都只有一次挑選的機會，他也只能摸著鼻子遺憾地向前走去。

第二個學生從同伴身上得到了教訓，因此每當他要摘取麥穗時，總是提醒自己：「不行，後面還有更好、更漂亮的麥穗。」

然而，一再地等待也等於一再地錯失機會，最後他竟不知不覺抵達終點，這時才發現自己已經完全失去機會了。

第三個學生吸取了前兩位同伴的教訓，當他走到三分之一時，大概分出了大、中、小三個類別的麥穗，接下來三分之一的路程，則小心地驗證各個類別的正確性，然後，他從最後三分之一的路程中挑出了又大又美麗的麥穗，雖然他並不能保證這是最大最美的一個，但至少他心滿意足且沒有遺憾地走完了全程。

其實，尋找伴侶和追求知識一樣，個

性急躁的人雖然能很快就擁有，但是囫圇吞棗的結果終將換得悔不當初。

至於處世態度過分小心的人，因爲總是擔心害怕，害怕會選錯，擔心還會有更好的機會，於是一再放棄、錯過，終至一無所得、空留悔恨。

仔細想想，截至目前爲止，你的生活狀況是否也和故事中的前二位弟子類似呢？再從他們的遺憾中反省，不知道你是否得到了什麼樣的啓發？

追求伴侶和追求成功人生的道理一樣，起步要謹慎，更要用心觀察，不要急功近利，更不能敷衍了事，只要能努力地累積一定的知識，你自然會看見屬於你的良緣佳機。還有，一旦確認了這是你想要的，就要立即把握，別再遲疑，不管前方是否還有機會，那始終與你還有一段距離，也是個未知數，因此，唯有把握當下才是聰明之舉。

不管你的答案是什麼，再聽聽蘇格拉底要學生做這個實驗的用意：「無論是愛情還是人生，人們經常在捨或不捨之間掙扎，但不管結果如何，最後仍然得由自己決定，並努力做出不讓自己後悔的選擇。」

寬容才能贏得笑容

幽默是一種習慣，不是你想學就學得來的，只有最寬敞的心胸，才容得下幽默的存在。

維克多．渥爾奇曾說：「笑是兩個人之間最短的距離。」只有幽默的人，才能用詼諧的態度面對自己的短處，在博得別人的笑容同時，自己也能眞心的微笑。

幾個好朋友相約到高爾夫球場打球，大家抽籤分成兩組比賽，爲了增添一點刺激感，還下了賭注。

其中一組恰好聚集了那些打了很多年，相當有經驗的人，甚至有位中年人還曾經參加過正式的高爾夫球賽。這組人顯得意氣風發，志在必得，一副勝券在握的樣子。

另外那一組人可就沒有這麼好的運氣了，他們不但球齡淺、經驗少，其中還有個深度大近視的成員，大夥兒真懷疑他掛著那副厚厚的眼鏡，是不是能把球看得清楚。

兩組人馬對抗了一天，結果出人意料之外，獎金居然被沒什麼經驗的這一組贏走了。賽後，大家一起到餐館用餐，贏了的那一組人自然是有說有笑、開心得很，輸的那一組卻鬱鬱寡歡，不斷責怪自己大意失荊州。

一邊是晴天，一邊是雨天，兩組人馬的情緒形成兩個極端，餐桌上的氣氛顯得有些奇怪。

吃著吃著，那個贏了比賽的大近視忽然對大家說：「你們知不知道我今天為什麼打得特別好？」

大家莫名所以，紛紛搖頭。

「其實我有個秘訣，不知道你們有沒有注意到？我在打球時經常把眼鏡拿下來調整一下，把左邊的鏡片掰得高一點，右邊的鏡片掰得低一些。這樣一來，我就可以看見一個大球和一個小球；遠遠望過去，我也會看見一個大洞和一個小洞。」

「那又怎麼樣呢？」有人忍不住插嘴問。

「嘿！怎麼樣！我告訴你們，好處可大了呢！我把那小球一桿兒打進大洞裡，還怕不進球嗎？」

說到這裡，大夥兒的嘴裡不約而同的迸出了一陣笑聲，這一笑，原本陰霾的氣氛雨過天青了！

日常生活中，輸不起又見不得別人好的人，多得超過我們的想像。

究竟該如何發現這種老是心裡不平衡的人，又該如何消弭他們的敵意，以免他們伺機在背後搞破壞呢？

外國人有一種說法，如果人群之中藏著一個危險份子而你不知道是誰，那麼就講一個笑話，只要會笑的人大都是有幽默感的好人，而板著臉文風不動的人則多半心懷鬼胎。

無論是生活中或是商場上，一句幽默的話語足以化解凝重的氣氛，一點幽默的態度也可使問題迎刃而解。

不過，幽默是一種習慣，不是你想學就學得來的，只有最寬敞的心胸，才容得下幽默的存在。

越要笑著過｜全集

The Wisdom of Life

用微笑面對苦日子
的生活智慧

文蔚然——著

捷克作家尤利烏斯・伏契克曾說：
「應該笑著面對生活，不論你目前的日子是如何痛苦和難過。」

其實，在生活的舞台上，
除了必須讓自己像個演員那樣感受痛苦之外，
也必須讓自己像一個旁觀者那樣對自己的痛苦發出微笑，
不論日子再怎麼難過，也必須提醒自己，放下一切用微笑去面對。

用幽默代替沉默：化解窘迫篇

作　　者　塞德娜
社　　長　陳維都
藝術總監　黃聖文
編輯總監　王　凌
出 版 者　普天出版社
新北市汐止區康寧街 169 巷 25 號 6 樓
TEL / (02) 26921935（代表號）
FAX / (02) 26959332
E-mail：popular.press@msa.hinet.net
http://www.popu.com.tw/
郵政劃撥 19091443 陳維都帳戶
總 經 銷　旭昇圖書有限公司
新北市中和區中山路二段 352 號 2F
TEL / (02) 22451480（代表號）
FAX / (02) 22451479
E-mail：s1686688@ms31.hinet.net
法律顧問　西華律師事務所・黃憲男律師
電腦排版　巨新電腦排版有限公司
印製裝訂　久裕印刷事業有限公司
出 版 日　2018（民 107）年 12 月第 1 版
ISBN◉978-986-389-570-1　　條碼 9789863895701

國家圖書館出版品預行編目資料

用幽默代替沉默：化解窘迫篇 /
塞德娜著.—第 1 版.—：新北市,普天
民 107.12 面；公分. -（溝通大師；38）
ISBN◉978-986-389-570-1（平裝）

溝通大師

38

普天之下・盡是好書
普天 出版家族
Popular Press Family
凌雲 文創
A-Plus Creative Company